福建省社会科学普及出版资助项目
（2021年度）
编委会

主　任：林蔚芬

副主任：王秀丽

委　员：康蓉晖　刘兴宏　李培锏

....

福建省社会科学普及出版资助项目说明

福建省社会科学普及出版资助项目由福建省社会科学界联合会策划组织和资助出版，是面向社会公开征集的大型社会科学普及读物，旨在充分调动社会各界参与社会科学普及的积极性、创造性，推动社会科学普及社会化、大众化，为社会提供更多更好的社会科学普及优秀作品。

福建侨批中的家国记忆

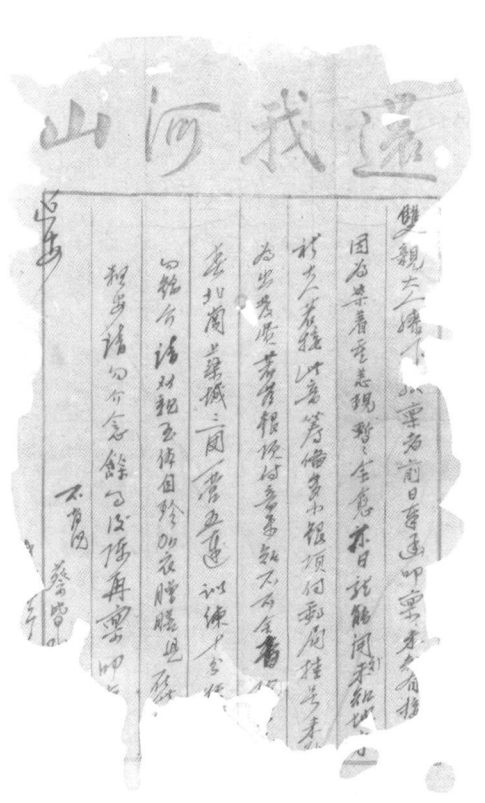

主　编　李慧芬
副主编　王金团

海峡出版发行集团 ｜ 海峡文艺出版社

图书在版编目(CIP)数据

福建侨批中的家国记忆/李慧芬主编；王金团副主编. —福州：海峡文艺出版社，2022.9
ISBN 978-7-5550-3072-0

Ⅰ.①福… Ⅱ.①李…②王… Ⅲ.①侨务－外汇－史料－福建 Ⅳ.①F832.6

中国版本图书馆 CIP 数据核字(2022)第 154573 号

福建侨批中的家国记忆

李慧芬 主编	王金团 副主编
出版人	林 滨
责任编辑	陈 瑾
出版发行	海峡文艺出版社
经 销	福建新华发行(集团)有限责任公司
社 址	福州市东水路 76 号 14 层
发 行 部	0591－87536797
印 刷	福州万达印刷有限公司
厂 址	福州市闽侯县荆溪镇徐家村 166－1 号厂房第三层
开 本	700 毫米×1000 毫米 1/16
字 数	120 千字
印 张	9
版 次	2022 年 9 月第 1 版
印 次	2022 年 9 月第 1 次印刷
书 号	ISBN 978-7-5550-3072-0
定 价	38.00 元

如发现印装质量问题，请寄承印厂调换

目　录

第一章　跨国两地书：侨批是如何产生的 …………（1）
　　第一节　福建人从哪里"下南洋" ………………（2）
　　第二节　福建人出洋乘坐的主要交通工具 ………（11）
　　第三节　你知道什么是侨批吗 ……………………（19）

第二章　时代记忆：侨批业从兴盛到衰落 …………（28）
　　第一节　早期侨批快递员"水客" …………………（28）
　　第二节　近代跨国速递业"侨批局" ………………（32）
　　第三节　侨批业退出历史舞台 ……………………（42）

第三章　纸短情长：福建侨批中的家国记忆 ………（45）
　　第一节　"家书抵万金" ……………………………（45）
　　第二节　侨批与辛亥革命 …………………………（59）
　　第三节　侨批与抗日战争 …………………………（66）
　　第四节　侨批与侨乡建设 …………………………（76）

第四章　文化绵长：侨批的历史文化价值 …………（81）
　　第一节　侨批筑造红砖古厝"番仔楼" ……………（81）
　　第二节　过番歌唱不尽侨批情 ……………………（90）

第三节　侨批中蕴含的中华传统文化 …………………（103）

第五章　海邦剩馥：侨批与"世界记忆" …………（112）
   第一节　何为"世界记忆" ………………………………（112）
   第二节　福建侨批如何"申遗"成功 ……………………（116）
   第三节　走近福建侨批档案 ………………………………（121）

后　记 ……………………………………………………（137）

第一章　跨国两地书：侨批是如何产生的

> 中国人最像海水了，
> 一波一波地离开海岸，
> 退入一片苍茫，
> 一波一波地冲上岸去，
> 吮吸陌生的土地。
>
> ——王鼎钧《海水天涯中国人》

"有海水的地方就有中国人"。传说秦朝时，几千名童男童女东渡扶桑，也就是前往现在的日本。往后的历朝历代，都有不少华人因为战争、宗教、经商等各种原因移居海外。明代永乐年间的郑和下西洋后，大批华人开始移居南洋各国。

福建山多地少，素有"八山一水一分田"之称，人口增长与土地供给之间矛盾激烈；且福建地处东南沿海，台风等各种自然灾害频发；再加上从唐宋起，众多重要对外贸易港口，如泉州刺桐港、海澄月港、厦门港等兴起，为福建人出国移居提供了便利。特别是到了宋元时期，泉州刺桐港成为当时世界上最大的港口之一，"海上丝绸之路"的发展达到鼎盛，闽人足迹遍及日本、南洋和印度洋沿岸。

从19世纪中叶开始，出现华人大规模向东南亚地区迁徙的现象，我们常常称之为"下南洋"，在闽南语里又称为"过番"。福建沿海民众"下南洋"的区域主要包括现今新加坡、马来西亚、印度尼西亚、菲律宾、泰国、越南、缅甸等国。其中，晋江、石狮人多南下菲律宾，永春人多南下新加坡、马来西亚，福清人主要前往印度尼西亚，漳州人主要前往泰国。

据《中国国际移民报告（2015）》统计，世界各地华侨华人总数约为6000万人，福建省旅居海外的华侨华人居全国第二，仅次于广东省。另据统计，福建省在海外有华侨华人1580多万人，分布在188个国家和地区。

第一节　福建人从哪里"下南洋"

田螺含水度过冬，一条水路到番邦。
一去番邦几十年，放下某仔在唐山。
你来我去呛得到，目屎流落在心头。
春天南风阵阵吹，盼君搭船顺风归。
几十春风无见返，鬓发苍白要怨谁？
夏天荔枝树尾红，等待夫君晚来挽。
一年一度水客来，只风批银无见人。
秋天到来北风起，回想和君分别离。
千言万语诉不尽，怨君失约不返里。
冬天到来就过年，小小孙儿要岁钱。
孙儿未见阿公面，忧忧郁郁又一年。

这是一首流传于福建省泉州市永春县民间的《过番歌》。"过番"是闽粤方言，"番"通常泛指国外，旧时广东、福建人离开故土到南洋谋生被称为"过番"。"南洋"指的是今天的越南、新加坡、马来西亚、印度尼西亚等东南亚国家。过番歌是伴随着中国海外移民产生和流传的民歌总称，唱出了下南洋的艰辛与不易。

这首《过番歌》叙述的是：清朝末年，在福建东南沿海永春的一个小渔村，颜某在熹微晨光中作别亲人，身着土布粗衣，怀揣微薄盘缠，背上简陋行囊，从永春出发到厦门乘坐邮轮。颜某手中的钱只够勉强支付轮船底舱。底舱密不透风，空气里弥漫着海水咸湿的味道，混杂着人体酸臭的汗味。这里挤满了像他一样下南洋讨生活的福建老乡，没有人知道将会有怎样的未来在等待着他们。这些远离故土的异乡客，就像含水过冬的蜗牛一样忍辱负重地等待着春雨的到来。轮船一路经汕头的澄海曾林港，在香港中转，在风浪里颠簸了足足半个月才到达马来西亚。谁人能知，他们这一去就是几十载，家人翘首以盼，眼见着南风起、荔枝红、北风吹、年来到，一年又一年，只见批信不见人，有千万的衷肠无处诉说⋯⋯

在现代交通工具出现之前，众多福建人是如何通过海上丝绸之路劈波斩浪，从南海到达马六甲，再穿越印度洋抵达东非，直至欧洲的呢？我们从福建的重要出洋港口、乘坐的船舶以及航行路线来一探究竟。

福建是举世瞩目的古代海上丝绸之路上的重要起点，从唐宋到明清再至近代，福建都是海上丝绸之路上最重要的参与者与见证者。宋元时期，泉州港被誉为"东方第一大港"。明代前期，郑和在福州太平港停靠等待季风出洋。明代中后期，漳州月港是当时中国最大的对外贸易港口。近代中国的"五口通商"，福州、厦门占了其中之二。汉唐时期的福州港，宋元时期的泉州港，明代中后期的漳州月港，清代的厦门港，并称为福建历史上的"四大商港"。

一、福建商港源头——福州港

福州港位于中国东南沿海，地处福建省东部、台湾海峡西岸、闽江入海口，是中国沿海的主要港口、中国对外开放的一类口岸，也是福建省主要出海口之一。福州先后出现过东冶港、甘棠港、河口港、太平港、马尾港等名港，成为海上丝绸之路的核心港和出发地之一。

福州港始建于西汉元封元年（前110），古称东冶港。东汉建初八年（83），东冶港成为当时中国南北货物转运的港站，也成为福建商港的源头。《后汉书·郑弘传》载:"旧交趾七郡,贡献转运,皆从东冶(福州)汎(泛)海而至。"这一记载表明越南等中南半岛国家到中国的贡物是通过福州港转运的。

晚唐诗人薛能的"秋来海有幽都雁,船到城添外国人",反映了当时福州港帆樯林立、外商云集、交易繁盛的景象。唐开元十三年(725),东冶改称福州。五代十国时期,闽国格外重视福州海外交通贸易的发展。王审知少子王延羲在福州设立市舶司,作为管理海外贸易的专门机构。当时闽国海舶北达朝鲜半岛,与新罗国交往;南达东南亚三佛齐乃至中亚细亚等国,以国内的丝、瓷、茶、果等特产货物,换取象牙、犀角、珍珠、香料等舶来品。在唐代中期至五代期间,福州是海上丝绸之路上的重要港口城市和经济、文化中心,与广州、扬州并列为唐代三大贸易港口。

宋朝时期,福州港"槽引江湖,利尽南海"有力地促进了内河航运的发展,远洋贸易盛况空前,航线向东延伸到日本,向西可达阿拉伯诸国。元朝时期,已有许多商船沿印度洋驶达福州港。

明朝时期,市舶司从泉州移置福州,福州港从此成为朝廷与东南亚国家互市的港口,对外交通与海运贸易更加繁盛。明永乐三年至宣德八年

天妃灵应之记碑,又称"天妃之神灵应记碑",俗称"郑和碑"。现保存于福建长乐郑和史迹馆内。

(1405—1433)间,郑和七下西洋,舟师累驻在福州长乐和五虎一带,待到北风强劲的日子,郑和船队便从福州港扬帆起航,前往东南亚、印度洋诸岛、阿拉伯乃至非洲东海岸沿途的所有国家和地区,进行明朝官方主导的海上贸易活动。据史料记载,长乐是郑和船队在远航出国前停泊的最后一个补充给养、招募水手的基地。在下西洋的前后28年中,郑和舟师至少6次驻扎于此,短则2个月,长则10个月。郑和在长乐南山修建的天妃灵应之记碑,是目前国内仅存的详细记载郑和七下西洋的石碑,碑记全文1177字,记述了郑和船队每次起航前都到南山天妃宫祈求庇佑的行程,以及每次航行的时间、船只、人员、编制、修舶设备、所到国家等重要资料,是研究郑和航海史的珍贵文物。

明朝时期到清光绪五年(1879),福州港亦是中琉交往的门户。明初,福建市舶司为从事中琉朝贡的贸易管理机构,市舶司"在福建者专为琉球而设,其来也,许带方物,官设牙行与民贸易"。明成化五年

福州市台江区琯后街的"柔远驿"旧址(王金团摄)

（1469），因从琉球到福州比到泉州更便捷，入京通道更便利，福建市舶司从泉州迁至福州，福州成为官方主导之下中琉朝贡贸易的唯一港口，跃居福建各港之首。明成化十年（1474），福建市舶司迁移到福州，设立"柔远驿"接待琉球客人，民间称之为"琉球馆"。清承明制，仍以福州作为琉球朝贡的唯一驻泊港口。目前福州市台江区琯后街的"柔远驿"旧址，见证了这段历史。

二、东方第一大港——泉州港

泉州港古称"刺桐港"①，是位于泉州市东南晋江下游滨海的港湾，北至泉州湄洲湾内澳，南至泉州围头湾同安区莲河。泉州港兴于唐、盛于宋，宋末元初到达顶峰，是中国古代海上丝绸之路的起点之一，与埃及的亚历山大港齐名，被誉为"东方第一大港"。

早在公元6世纪的南朝，印度僧人拘那罗陀曾两次到达泉州，在泉州西郊九日山上翻译《金刚经》，后从泉州乘船到达棱加修国（今马来半岛）和优禅尼国（今印度）。唐王朝在泉州特设参军事，管理海外交通贸易事宜。

7世纪初，阿拉伯正式派遣使节来中国，随后来者日多。至武后时（684—704），阿拉伯人在广州、泉州、杭州诸良港经商者数万。当时泉州港也因"南海蕃舶"常到，而"岛夷斯杂"，出现了"市井十洲人"的盛况。为了开放贸易，唐文宗在大和八年（834），特下令保护广东、福建的外商，规定除了对外国商船征取商船税、蕃货贸易税、进奉外，不得再重复增加税收，任其自由流通。

五代时，泉州为闽国辖地，闽王王审知很重视海外贸易，"招来海中蛮夷商贾"，泉州的海外交通得到进一步发展。五代后期，泉州扩大了城市范围，并增辟了道路和建置货栈，以适应海外交通贸易发展的

---

① 刺桐，是福建省泉州市的别称。唐时环城皆种植刺桐，故称泉州为刺桐。宋元时期伊斯兰旅行家东来，常以刺桐一名记入其行纪，《马可·波罗行纪》中亦以刺桐称泉州。

需要。

宋朝时，泉州与70多个国家和地区保持往来，海外交通畅达东、西二洋，东至日本，南通南海诸国，西达波斯、阿拉伯和东非等地。进口商品主要是香料和药物，出口商品则以丝绸、瓷器为大宗。宋元祐二年（1087），泉州设立市舶司，嗣后又设来远驿，以接待贡使和外商。为鼓励海外交通贸易，宋代的泉州市舶司和地方官员特为中外商人举行"祈风"或"祭海"活动，以祝海舶顺风，安全行驶。

元代，泉州港得到了进一步的发展，与之有贸易关系的国家和地区增至近百个，其贸易仍以通西洋为主，航线大抵与宋相仿。当时的泉州港是国际重要的贸易港，也是中外各种商品的主要集散地之一。元朝后期泉州发生"亦思巴奚战乱"，或称"亦思法杭兵乱"，持续十年之久，重创了泉州、兴化一带的社会经济，也导致泉州盛极一时的海外贸易大幅衰退，泉州海外交通的中心地位下降，从此走向衰落。

进入明代，泉州的社会经济得到进一步发展，但由于明政府施行了严厉的海禁，泉州港的对外贸易受到了极大限制，只能通往琉球。成化十年（1474），市舶司移设福州，泉州的来远驿也随同市舶司被废置，标志着泉州港外贸地位的下降。到了清代，在清初战争和海禁、迁界的影响下，泉州的社会经济遭到严重破坏，港口的昔日繁华已烟消雾散。

三、东西洋交通要塞——漳州月港

漳州月港，是明代福建四大商港之一，位于今龙海市海澄镇，地处九龙江入海口，因其港道（海澄月溪至海门岛）状似弯月，"一水中堑，环绕如偃月"，故名月港。月港的海域处于"东西二洋"的传统航道上，商船从月港出发，一潮可抵中左所（今厦门），在此地略作休整，"候风开驾"，再至担门分航去往东西二洋。四通八达的交通网和广阔的腹地，使得月港拥有了优越的区位条件。从15世纪末期至17世纪，这里曾是"海舶鳞集，商贾成聚"的对外贸易商港，市井十分繁荣，是闽南的一大都会。时至今日，在溪口至溪尾不到一公里的海岸上，尚遗留有七个码头，据说当时这里有"十三行"，每一行都有一个专用码头，现今海澄镇还保留有"十三行"这个地名。

月港兴起于明景泰年间（1450—1456），明初朝廷厉行海禁，沿海地区的商人多前往政府控制力量较为薄弱的地方或岛屿进行非法贸易，月港由于地处偏远，反而成了沿海对外经济贸易的中心。乾隆《福建通志》列举了福建明朝初年著名的走私港口，有梅岭、龙溪、海沧、月港、安海、桐山六个，漳州占了其中四个，且月港在整个东南沿海贸易中表现最为活跃。

明隆庆元年（1567），隆庆帝决定解除海禁推行新政，在月港开设"洋市"，允许与东西洋贸易。福建巡抚涂泽民希望废除海外贸易法条，为海上的贸易活动开启绿灯，允许当时船商巨贾售卖来自东西二洋的货物。明廷最初选择诏安梅岭作为开放海关，后改为海澄，从此月港成为明朝唯一合法的海上贸易始发港，由此也让海澄成了当时福建省最繁荣的对外贸易港口。万历年间，月港的对外贸易盛况空前，每年进出月港的大海船达200多艘。输出商品有丝绸、陶瓷、布匹、茶、铁铜器、砂糖、纸、果品等，输入商品有胡椒、香料、香藤、象牙、西洋布、槟榔、樟脂、猿皮等124种。

月港是16—17世纪中叶海上丝绸之路的启航港，在"马尼拉大帆船贸易"中发挥了重大作用。1568年，西班牙殖民者侵占菲律宾群岛；1571年，在吕宋岛建立马尼拉城。他们垄断了菲律宾岛对外贸易，开辟了马尼拉至墨西哥的阿卡普尔科航线，建立了大帆船贸易制度。这条航线与我国至吕宋的航线相衔接，形成了一条从中国经马尼拉到美洲的海上丝绸之路，这是当时最活跃的国际航路。西班牙商人的"马尼拉大帆船"把福建月港运来的明朝商品运往美洲墨西哥阿卡普尔科港，并在当地举办盛大的集市，明朝物美价廉的生丝、丝绸深受欢迎，十分畅销，以至于当时墨西哥的丝织厂都一度依靠中国的生丝维持生产。如此，月港—马尼拉航线与马尼拉—阿卡普尔科航线紧密地连接在一起，形成了一条新的海上丝绸之路。

顾炎武在《天下郡国利病书》中说:"闽人通番,皆自漳州月港出洋。"月港与泰国、柬埔寨、北加里曼丹、印尼、苏门答腊、马来西亚、朝鲜、琉球、日本、菲律宾等 47 个国家与地区有直接商贸往来。又以菲律宾吕宋港为中介,与欧美各国贸易,在中国外贸史上占有重要地位。当时有许多诗篇赞美月港,其中有云:"市镇繁华甲一方,古称月港小苏杭。"明末清初,郑成功和其子郑经与清军在闽南沿海对峙拉锯,争战近 40 年,战火殃及月港。清廷为扼制郑氏,在沿海实行"迁界"。海澄一带划为"弃土",繁华的月港航运商贸陷入萧条。古月港到了清代,被厦门港取而代之。

四、通商口岸——厦门港

厦门港,地处福建省南部、九龙江入海口。宋朝时期,厦门港作为泉州大港的外围辅助港,岛上设五通、东渡两处官渡。元朝时期,厦门设立"嘉禾千户所",厦门港的军港地位得到初步确立。

明朝时期,厦门港和漳州月港成了海上走私贸易的主要口岸,海上交通粗具规模,已有 10 条通洋航线。明隆庆五年至万历八年(1571—1580),由厦门港和月港开往菲律宾的中国商船每年有三四十艘,每年进出口价值 150 万金元左右。清顺治七年至十八年(1650—1661),厦门港是郑成功设立的以仁、义、礼、智、信为代号的五家商行通往中国台湾、日本、吕宋及南洋各地的中心。1619 年,荷兰殖民者在爪哇建立第一个殖民据点巴达维亚(今雅加达),而后陆续侵占了苏门答腊、香料群岛(今马鲁古群岛)、马六甲和锡兰(今斯里兰卡)。1683 年,荷兰人加强了巴达维亚在贸易上的地位,而清廷则平定了台湾郑氏政权,1684 年开放海禁,设立闽海关,厦门为其正口,成为"凡海船越省及往外洋贸易者,出入官司征税"之地,与巴达维亚的贸易开始进入繁荣时期。

19世纪七八十年代的厦门港①

清雍正五年（1727），清王朝规定所有福建出洋之船，均须在厦门港出入，厦门港为福建省出洋总口。福建就因此形成了康熙年间以福州和厦门为中心、雍正初年起完全以厦门为核心的全省海关网络。清嘉庆元年（1796），厦门成为"通九译之番邦""远近贸易之都会"，与厦门往来的东西洋国家和地区达30多个。厦门港的华商海外贸易迎来了黄金时代，极为繁荣。

清光绪六年（1880），英商太古公司在岛美路头北侧建造太古趸船码头，码头前沿设有栈房式趸船1艘，靠泊能力500吨；后方陆域建有太古栈房6间，总仓容1066.3万斤，成为近代较为先进的综合性码头。

1831年，德国传教士郭实腊（C. Gutzlaff）随船到达厦门，他对厦门有如下记载："（厦门城）位于一座大岛上……面积相当大，居民至少有20万……其后我们顺岛上行。在入口处我们发现水深有6—10英

---

① [英]汤姆逊（Thomsom, J.）著、徐家宁译：《中国与中国人影像：约翰·汤姆逊记录的晚清帝国》，广西师范大学出版社2012年版，第225页。

寻（注：1 英寻为 6 英尺），因此最大的船舰也可以停泊在城的对面。停泊在港口的帆船大约有 150 艘，港口很大，港内大多数船只在修缮中。"由此可见厦门港之大，也可窥见厦门港海外贸易之繁荣。

1821 年 2 月 18 日，第一艘到达新加坡的中国帆船就是从厦门起航的。1829 年，到达新加坡的厦门洋船为 3 艘，1830 年为 4 艘（当年共 9 艘中国帆船，另有广州 1 艘，潮州和上海各 2 艘），1831 年为 2 艘。

第二节 福建人出洋乘坐的主要交通工具

帆船是古代海上交通的重要工具，随着造船业的崛起与发展，人们很自然地把目光从内河投向海外。

一、福建造船业

福建拥有全国最曲折的海岸线，岛屿众多，海上交通自古十分发达，广阔的海洋是古越人纵横驰骋的疆场。福建境内山多林茂，拥有天然的造船原材料和得天独厚的地理优势，加上闽越族原住民有着渊源深厚的造船传统，造就了福建造船业的兴盛。三国时期，孙吴在我国东南方建立了政权，以建业（今江苏南京）为国都，占据了荆、扬、交、广 4 个州、44 个郡、337 个县的陆海境域。吴国倚仗强大的水军立国，出于国防、商贸和航海事业的需要，十分重视造船业。建衡元年（269），东吴政权在建安郡侯官县（今福州市）设立"典船校尉"一职，掌督造海船，这是有记载的福建最早的官办造船厂。吴国在如今宁德市霞浦县葛洪山脚下的古县村一带建立温麻船屯，所造之船称"温麻五会"。汉淮南王刘安在《谏伐闽越书》中提到闽越族先民"习于水斗，便于用舟"，他们"滨于东海之陂"，"水行而山处。以舟为车，以楫为马"，会利用石锛加工木材，制造精巧的独木舟。

海洋考古专家许路指出："福船就是对古代福建以及浙江南部、广东东部具有相似特征的木帆船的通称。"福船又称福建船、白艚，是中国古帆船的一种,主要特征是尖底、有龙骨、水密隔舱。福船是我国"四大古船"之一,为中国古代航海优秀船型,主要行驶于外海,因海上丝绸之路蜚声中外。

泉州海外交通史博物馆展出的泉州宋船

宋朝时,福建造船工场主要位于沿海的福州、兴化、泉州、漳州。据《宋会要辑稿·刑法二》记载,"漳、泉、福、兴化,凡滨海之民所造舟船,乃自备财力,兴贩牟利"。自宋以后,历代重大海事活动几乎都以福船为主体,因此在中国航海史上,随处可以看到福船的身影。元代是中国古代海上丝绸之路发展和繁荣的高峰期,频繁的海上往来和远距离越洋航线的建立,使得当时的海外交通和贸易达到了空前高度。元代海上活动如此频繁,促进了造船业的发展和航海技术的提高。宋元时期中国出现了单龙骨的尖底船,根据《宣和奉使高丽图经》所记载,宋代的海船"上平如衡,下侧如刀,贵其可以破浪而行"。这种船型多为福船。

1974年8月,泉州湾后渚港的一艘古代木帆船被发掘出来,残长24.2米,残宽9.15米,残深1.98米,船内有12道隔舱板,将船分成13个舱。这是迄今为止规模最大、保存最完整的中国古代沉船遗存。经科学考证表明,这是13世纪泉州造的三桅远洋商船,运载着大量香料、药物及其他商品从东南亚归来。它揭开了一段辉煌的历史:在宋代,中国的造船业和航海业十分发达,而泉州的造船技术在同一时代领先于世界。

福州是福船的主要制造地。明初,郑和下西洋时曾在福州长乐造巨舰"福船"。"福船"是一种性能优良的远洋大船,吃水约3.5米,高大如楼,

洋船(外销画,1800—1820年间作)①

可容纳百人。船底尖上阔,船首昂而张,船尾高耸,船身有护板,非常坚固。船共有四层,最下一层是放压舱石,防止船身过轻难以抵抗风浪;第二层是士兵的寝居室,用地板隔开,要从上面走楼梯下去;第三层的左、右都有大门,中间放置水柜,是烧火煮饭的地方,在这前后都有棕缆系住石墩,用来起航和停船时用;最上一层是露台,要从第三层旋梯而上,两旁有护栏。

13世纪,马可·波罗来到中国。他看到很多奇异的景象,其中就包括一种奇怪的刷着明亮油漆的船只。他发现,在某些方面,这些船的制造技术远远领先于当时欧洲的造船技术,例如,在艉部底下有一个方

---

① 英国维多利亚阿伯特博物院、广州市文化局等编《18—19世纪羊城风物:英国维多利亚阿伯特博物院藏广州外销画》,上海古籍出版社2003年版,第190页。

向舱,在甲板上还有防水隔间。他在《马可·波罗行纪》中写道:"若干最大船舶有最大舱十三所,以厚板隔之,其用在防海险,如船身触礁或触饿鲸而海水透入之事,其事常见……至是水由破处浸入,流入船舶。水手发现船身破处,立将浸水舱中之货物徙于邻舱,盖诸舱之壁嵌甚坚,水不能透。然后修理破处,复将徙出货物运回舱中。"福船首创了"中国水密隔舱制造技艺",采用榫接、舱缝等核心技艺,将每个船舱隔离,使船体结构牢固,舱与舱之间互相独立,形成密不透水的结构。遇到触礁时,一个舱破了,其他舱不受影响,船只不会沉没。泉州宋船用12道舱壁将船分隔成13个舱,与马可·波罗的记叙是非常一致的。该技艺是人类造船史上的一项伟大发明,被称为"中国对世界造船业三大贡献之一"。

19世纪初 Drummond 所绘的巴达维亚城①

---

① 包乐史著,赖钰匀、彭昉译:《看得见的城市:东亚三商港的盛衰浮沉录》,浙江大学出版社2010年版,第44页。

"福船"的称谓正式出现于明代。戚继光在《纪效新书》中提到："福船高大如城，非人力可驱。全仗风势，倭船自来矮小，如我之小苍船。故福船乘风下压，如车碾螳螂，斗船力而不斗大力，是以每每取胜。"俞大猷《正气堂集》中也有关于福船修造用料及比例的记载。正是福船的优良性能，明清时郑和下西洋、册封琉球国等均使用福船。福船与沙船、广船、鸟船，并称为当时中国航海木帆船的四大船型。

福建帆船除了"福船"这个蜚声海内外的名号，还有一个有趣的别名叫"绿头船"，这个别名源于清代对各地帆船的管理。清代，为便于管理，规定华人的出海船只以书字与漆饰进行标识。康熙五十三年（1714）规定，"各省海洋商渔船只，分别书写字样"。雍正九年（1731）规定，"自船头起至鹿耳桅头止，并大桅上截一半，各省分油漆饰……福建船用绿油漆饰，红色钩字；浙江船用白油漆饰，绿色钩字；广东船用红油漆饰，青色钩字；江南船用青油漆饰，白色钩字……故福建船，俗谓之绿头船；广东船，俗谓之红头船"。

油饰部位通常在船头和大桅杆的上半截，船舶属地不同，油饰的颜色也各不相同，这有利于清朝对商船、渔船加强管理和控制。在此之前，是通过"烙号刊名"（即将船舶地区属性、船舶编号、船主等情况标注在船的两侧）来区分船舶属地的。船身"烙号刊名"，字体比较小，内容多，不利于海上远距离察看。而船头和桅杆漆上色彩各异的大色块，在海上远远地就能一眼分辨出来。据说四色的安排有讲究：江南在四省中最靠北，北方属水，用色为黑；浙江为属西方的白色；福建为属东方的绿色；广东在南，南方属火，用色为赤，即红色。

陈达在《南洋华侨与闽粤社会》中记述了厦门"青头船"的大小规模："大号帆船，如由厦门开往台湾、宁波、上海或南洋者，载重1500吨，司事者30人；小号帆船载重500吨，司事者12人。此种帆船大部分以载货为主，但在轮船未通行以前，我国往南洋的迁民，即乘坐此种帆船渡海。"①

清道光二年（1822），从厦门港出航前往巴达维亚的"泰兴"号大型洋船，其船身"绿油漆饰、红色钩字"，故属于"绿头船"。

精湛的帆船制造技术，以及娴熟的航海技术，将闽人帆船时代的远洋航行推向了历史高峰。由于帆船的技术大为改进，除了当头的方向以外，船还可以向其他7个方向前进。西方在16世纪以后才掌握这种技术。在宋代，利用信风、季风航海的技术已经十分熟练。宋朱彧在《萍洲可谈》中记载，船舶在十一二月刮北风时出洋，待到五六月南风起时返航。郑和船队曾屡次在太平港（位于今福建省福州市长乐区境内）等候北风出洋，出航大多选在10月至次年3月，返航多选在6月到9月。据长乐"天妃灵应之记碑"记载："余由舟师累驻于斯，伺风开洋。"明朝费信在《星槎胜览·占城图》中也有记载："（永乐七年）十二月，福建五虎门开洋，张十二帆，顺风十昼夜至占城国。""宣德六年，仍统舟师，往诸番国，开读赏赐，驻泊兹港，等候朔风开洋。"明朝航海家马欢在《瀛涯胜览·满剌加》中说道，"等候南风正顺，于五月中旬开洋回还"。这表明船队航海人员对季风规律掌握熟练，运用得十分得心应手。在航海气象水文方面，他们还通过占天、占云、占风、占雾、占屯、占海、占潮等方法，预测海上风云气候、海流、潮汐涨退。长乐"天妃灵应之记碑"记载，面对"海洋，洪涛接天，巨浪如山，视诸夷域，迥隔于烟霞缥缈之间。而我之云帆高张，昼夜星驰，涉彼狂澜，若履通衢"。

二、出洋航行路线

福建是古代海上丝绸之路的重要起点和发祥地。延续千年的海外交流史中，泉州港、福州港、漳州港在不同历史时期都为海上丝绸之路的发展发挥了重要作用。

---

① 陈达：《南洋华侨与闽粤社会》，商务印书馆2011年版，第33—34页。

第一章 跨国两地书：侨批是如何产生的

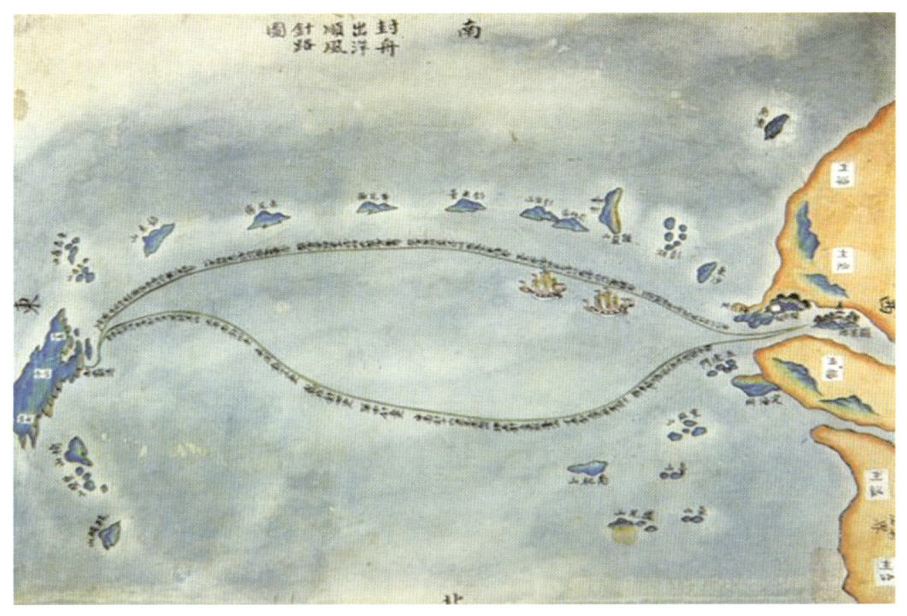

封舟出洋顺风针路图

　　清代《封舟出洋顺风针路图》，现藏于中国国家图书馆，记录的是清乾隆二十一年（1756）朝廷遣使册封琉球的航路。该图以上南下北为制图准则，用黄色表示低平的陆地，用蓝色表现耸立的山峰和岛屿，描绘了由福州马尾罗星塔出航，依次经东沙岛、鸡笼山（今台湾基隆港）、钓鱼台（即钓鱼岛）、黄尾屿、赤尾屿、姑米山等，最终到达琉球那霸港，并由那霸返回福州的航程。早在成书于明永乐元年（1403）的《顺风相送》中，就记载了钓鱼岛、赤尾屿等地名；明嘉靖四十年（1561）《筹海图编》的《沿海山沙图》中，也将钓鱼岛及附近岛屿纳入福建海防区划。从明永乐二年（1404）直到清光绪五年（1879）琉球被日本吞并为止的400多年间，中国政府共遣使册封琉球国中山王24次，册封使的出航路上，钓鱼岛是必经之地，中国册封使撰写的报告中，记载了大量关于钓鱼岛的资料。于康熙五十七年（1718）被任命为赴琉球册封使的徐葆光在其所著《中山传信录》中明确记载："姑米山，琉球西南方界上镇山。"可见，在姑米山以西很远的钓鱼岛、黄

17

尾屿、赤尾屿等岛屿，显然是中国的属岛。

　　月港是16—17世纪中叶海上丝绸之路的启航港。1568年，西班牙殖民者侵占菲律宾群岛。1571年，西班牙殖民者在吕宋岛建立马尼拉城。他们垄断了菲岛的对外贸易，开辟了马尼拉至墨西哥的阿卡普尔科航线，建立了大帆船贸易制度。这条航线与我国至吕宋的航线相衔接，形成了一条从中国经马尼拉到美洲的海上丝绸之路，这是当时最活跃的国际航路。一般来说，华商组成的船队会在每年12月到来年1月，趁着西北季风来临之际将船装满丝织品和其他价值较高的货物，从月港启程，约15天到20天，就能到达菲律宾。

　　墨西哥在1638年出版的《奇异的旅行》中收录了一位居住马尼拉18年的神父所写的文件，其中明确写道："中国商船的大部分来自福建的厦门和漳州。"他所说的厦门、漳州，显然就是月港。西班牙商人用墨西哥银圆在菲岛争购从月港运去的中国生丝和丝绸品，然后运往阿卡普尔科，转售欧洲、美洲市场，盈利可达本金的100%—300%，有时高达600%—800%。而中国商人也热衷从月港前往菲岛与西班牙商人交易，以湖丝、漳纱、漳绒等我国名产换取墨西哥银圆，他们视此为重要的"生银之道"，以满足国内市场对银币的需求。

　　在现存的东南亚侨批中，我们能够找到华侨记载的有关南下菲律宾路线的真实史料。

　　以下是丙午年腊月初五，即1907年1月18日，菲律宾华侨黄开物寄家乡锦宅社美头角（当时属泉州府同安县，今属漳州台商投资区角美镇锦宅村）妻儿的侨批，该封侨批的收批和送批均由郭有品批馆办理。内信写有：

　　　　自去月廿三晚在厦起程，至廿四早到汕，廿五早到香，在香本月初二搭大名船前往，至初五日二点钟抵垅，水途平安。

批信详细记载了黄开物从家乡锦宅经厦门、汕头、香港中转，南往马尼拉的行程：锦宅——厦门（1907年1月7日）——汕头（1月8日）——香港（1月9日），香港（1月15日）——马尼拉（1月18日），路程共计12天。批信还记载黄开物从香港前往马尼拉乘的轮船为"大名"号。这是一份华侨下南洋的重要交通史料。①

第三节　你知道什么是侨批吗

17世纪，契约华工的浪潮首先在荷属东印度地区兴起，随后在英属马来亚地区得到发展。西方殖民者以东南亚为据点，开始在亚洲掠夺资源，这其中包括对中国劳力的掠夺。1840年的鸦片战争打开了清朝闭关锁国的大门后，契约华工形成高潮。西方列强以澳门、香港为据点掠夺华工，后扩展到厦门、广州、福州、宁波、上海和汕头等地。1856—1860年，英法发动第二次鸦片战争，逼迫清廷签订《北京条约》，条约第五款规定："凡有华民，情甘出口……或在外洋别地承工，俱准与英民（或法民）立约凭证……"其后荷兰、美国等国也相继与清廷签订类似的条约，招募华工。从19世纪40年代至70年代，形成了契约华工出国的高潮。

由徐克导演、李连杰主演的电影《黄飞鸿之壮志凌云》，讲述了在晚清社会洋人横行、民众受难的背景下，广东佛山宝芝林武师黄飞鸿习武救国的故事。在不平等条约下，洋人鼓吹美国是金山世界，蒙骗大批劳工，拐卖妇女。十三姨也被掳上洋船，黄飞鸿浴血奋战，最终救回十三姨以及被骗劳工和妇女。这些劳工也称为"契约华工"或"猪仔"。到第二次世界大战前，除泰国以外，东南亚各国均已沦为殖民地，状况大致如下：英国占有缅甸、马来亚、砂捞越、沙巴、文莱、新加坡，法

---

① 谢佳宁、黄清海：《从侨批看华侨"下南洋"之路》，新浪博客。

国占有越南、老挝、柬埔寨，荷兰占有印度尼西亚群岛，葡萄牙占有东帝汶，美国占有菲律宾群岛。

一、福建华人出洋创业

福建位于东南沿海，具有向海外移民的得天独厚的地理条件。据载，早在唐代就有泉州地区的商人到东南亚经商。15世纪到17世纪，新航路开辟，大帆船时代到来，中国被纳入全球贸易网络之中，与其他地区的商贸往来也越发频繁。随着贸易的兴盛，中国商人、华工也不断向海外移民，给这些地区带去了最具活力的人力资源。明清以后，有大批闽人移居菲律宾、马来西亚和印尼等东南亚国家。

1602年，荷兰联合东印度公司成立，以巴达维亚为殖民统治中心，控制印度尼西亚各岛。巴城开埠后，当地华侨人口增长迅速，19世纪中叶以前，在爪哇的华侨中，以福建籍的商人和工匠占多数。荷属东印度公司不遗余力地招募和掠夺契约华工，是当地华侨人口增长的重要原因之一。1686年，有11艘福建的商船（其中8艘来自厦门）开往巴达维亚，载有800名劳动者。在当地，闽籍华人主要从事艰苦的种植工作，如种甘蔗、烟草、胡椒等。印尼的闽商多集中于爪哇和马都拉，大多数是通过经营胡椒、椰子、蔗糖等土产的种植、加工和销售起家的。

1684年，荷兰东印度公司击败它的竞争对手万丹后，在爪哇北海岸地区扩大甘蔗种植面积，然后由荷兰东印度公司把蔗糖出口到日本、中国和欧洲等地，这些地区的大多数蔗农都是华侨。

1819年，莱佛士在新加坡河口登陆，英国开始占领新加坡，大力吸引华人移民。到19世纪30年代，新加坡的华侨人口每年以5000—8000人的速度递增。据不完全统计，仅在东南沿海地区，中国帆船每季度都要运载800—2000名华工前往新加坡。由于新加坡是东南亚货物集散口岸，那里的闽商也多经营转口贸易、金融行业，工业革命后，闽商在橡胶业和木材加工业也取得一定的成绩。

因菲律宾地近且富饶，西班牙占领吕宋岛后，移居者络绎不绝。

1896年，菲律宾华侨人数达10万人，其中闽籍华人占80％以上。据统计，19世纪90年代，马尼拉、怡朗、宿务、卡加扬4个华侨聚居地人口统计资料调查，80％的华侨来自晋江、同安、南安、龙溪4县。① 菲律宾华商则集中经营蔗糖、椰子、苎麻、大米和烟草等土产。

早在明朝初年，福建人就随郑和下西洋，到达过占城（今越南中南部）。明万历五年（1577），福建有船十三四艘到达顺化。明天启二年（1622），有福建船抵达南越。到清同治五年（1866），仅西贡一地就有闽粤商人达五六万人。在西贡河两岸繁荣的当地市场，皆是福建和广东商人在此贸易，华商居住的欧式房屋十分富丽堂皇。在越南，闽商的主要职业是经营米店，次之为经营五金、钢铁、电影和咖啡。

在泰国华人族群中，闽籍华人是较早移民并定居泰国的。根据福建莆田城关林氏族谱载，早在明永乐元年（1403）就有莆田人到暹罗经商定居。到20世纪末，泰国闽籍华人有30万—50万人，大部分定居在曼谷和泰南地区。据最新数据统计，在泰国的华人大概有706万人，其中闽籍华人占15％左右，约105万人，是仅次于潮汕籍华人的第二大华人族群。② 福建人早期多从事与海外贸易相关的职业，之后也在橡胶种植、锡矿开发、税收、对外贸易、商业等行业发展。

综上，早期闽籍华人在东南亚主要靠出卖廉价劳动力，凭借着华人吃苦耐劳的精神赚取微薄的收入，在殖民统治之下，所得分毫皆辛苦不易，待积累一定的资本后才能从事一些商业活动。这些华侨远离故乡，日夜牵挂着家中的妻儿老小，他们迫切想与家乡亲属沟通音信并寄款赡家。跨国两地书"侨批"由此产生，将他们在海外工作生活的音信传达给国内的亲人，并附上钱款以供家用。

---

① 泉州市华侨志编纂委员会编《泉州市华侨志》，中国社会出版社1996年版。
② 李慧芳、康晓丽：《20世纪泰国闽籍华人社会变迁与族群认同》，《东南学术》2018年第6期。

二、什么是侨批

那么，什么是侨批？在福建方言、广东潮汕话和梅县客家话中，信为“批”，“侨批”的闽南话拼法是“xiaoPue”。侨批俗称“番批”“银信”，专指海外华侨通过海内外民间机构汇寄至国内的银信合封的递寄物，即汇寄银钱同时附以家书（或称寄钱时的附言），也有称为“汇款与家书连襟”，是一种特殊的邮传载体。

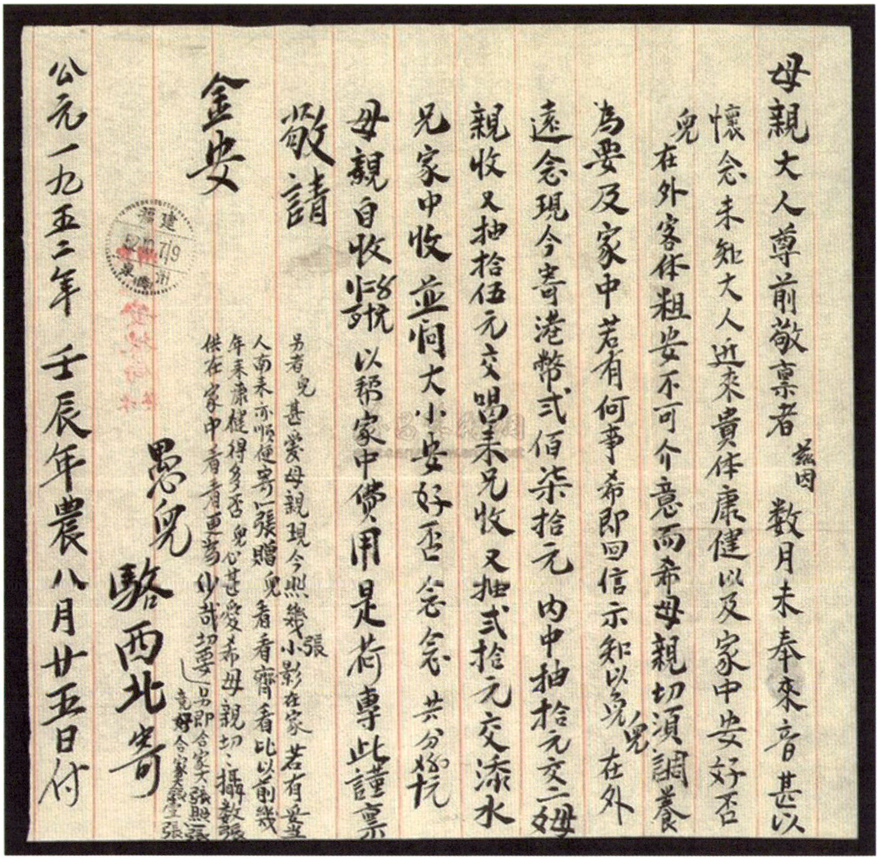
母親大人尊前敬稟者 茲因數月未奉來音甚以懷念未知大人近來貴體康健以及家中安好否 兒在外客体粗安不可介意而希母親切須調養為要及家中若有何事希即回信示知以免兒在外遠念現今寄港幣弍佰柒拾元 内中抽拾元交二姆親收 又抽拾伍元交唱来兄收 又抽弍拾元交漆水兄家中收 並問大小安好否 念念 共分除母親自收 以稍家中費用是荷 專此謹稟

敬請

金安

另者兒甚愛母親現今照幾張小影在家 若有要人南來亦順便寄一張贈兒看看齊看比以前幾年來康健得多否 兒心甚愛希母親切切攝數張供在家中看看更多少哉切要 另即合家大張照 竟好合家

愚兒 駱西北 寄

公元一九五二年 壬辰年農八月廿五日付

1952年泉州仁安侨批局侨批样函，寄批人骆西北，祖籍福建泉州。信中，他关切慰问家中母亲的健康情况，并寄钱港币270元，还交代了这270元应如何分配使用，是一封典型的“银信合一”的侨批。（福州马尾亭江白眉侨批博物馆藏）

侨批具体出现的时间尚无定论。据现有的史料，福建侨批较早是在明嘉靖年间（1522—1566）出现。泉州石狮大仑《蔡氏族谱》中记载了明嘉靖年间，蔡周夫、蔡景超、蔡景恩、蔡景秩四兄弟艰苦创业的事迹。蔡周夫少年时期远渡菲律宾马尼拉，勤劳致富，寄钱回乡，该谱曰："思叔弟也……娶妇后，遂往吕宋求资，迭寄润于兄弟，二兄景超全家赖之，修理旧宇，俾有宁居。""寄润于兄弟"说的是蔡周夫寄钱回家，将这些钱用于修缮祖屋，供家人生活使用。俗话说"番畔钱银唐山福"，华侨一旦在外稍微有收入，侨批便会源源不断寄往家乡。这些寄回家的侨批，用于修建祖屋、扩建新屋、族亲子女教育，也有扩及扶贫济困和修桥筑路等乡族公共建设，乃至用于捐款救灾、支援抗日战争等。这些折射和反映了华侨深受传统文化浸染而形成的强烈乡土意识，是华侨爱国爱乡思想的具体体现。

侨批广泛分布在广东省潮汕地区、福建、海南等地，目前发现的侨批以广东、福建两省最多。有这么一种说法：侨批档案，广东看数量，福建看精品。迄今为止，福建省境内已发现的可提供目录的侨批档案有4万多件。这些侨批是侨眷维持生计、培育后代、求学创业、婚庆喜丧等活动的主要经济来源，侨批中那简短的家书，也是海外闽人思家爱乡、血浓于水的亲情的真实写照。著名学者饶宗颐认为侨批是反映海外交通史、移民史、华侨兴衰史的珍贵资料。

三、侨批术语解读

1. 侨批封

侨批封是指海外侨胞通过侨批局传送信件的实寄封，与今天的普通信封大小相似，居中有一红色长条，红条上用毛笔写着收信人姓名，右侧是收信人地址，左下是寄信人地址、姓名，左上则注明了汇款的币种和数额。侨批有正批和副批之分，前者盖有外洋批馆印章，大部分贴有邮票，盖有邮戳；后者由国内外批局填发，没有加盖外洋批馆印章，印戳不全。正批的研究和收藏价值高于副批。侨批封是研究侨批史的重要资料。

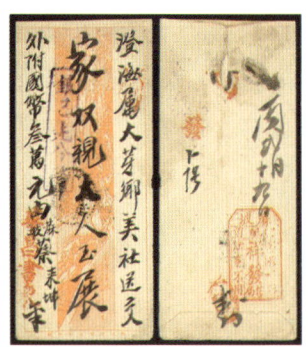

侨批封（福州马尾亭江白眉侨批博物馆藏）

2. 回批

回批就是收批人收到侨批后，通过原渠道寄给寄批人的回信，以示自己收到了侨批。回批是侨批局预备的，信封的设计样式基本上有三种：一种是连体封，就是做出一个大信封，在大信封中间刺上针眼分成两个部分，一部分由寄批人按传统的方式写好，另外一部分由寄批人写

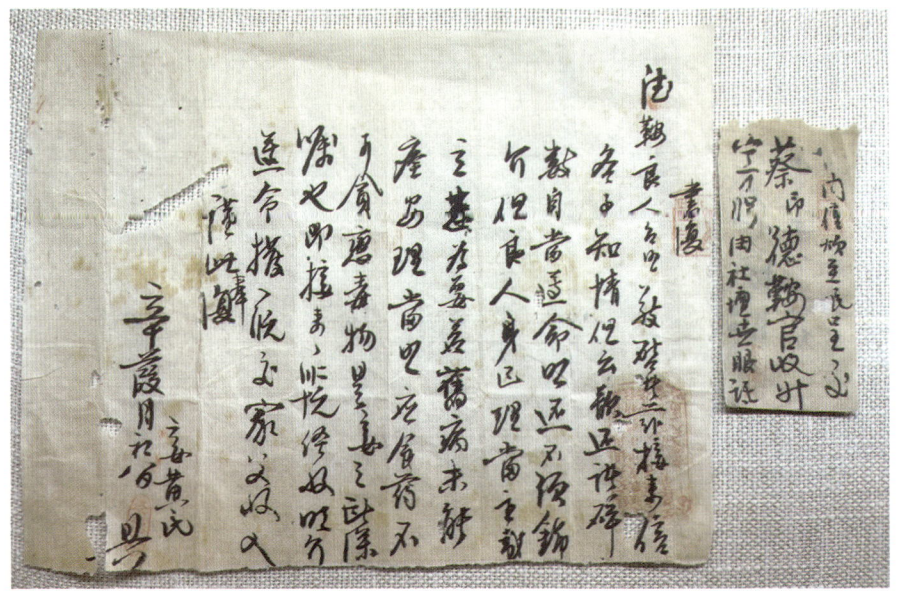

1911年晋江黄氏寄给丈夫菲律宾华侨蔡德安的回批，体现了侨眷爱惜华侨之情。（泉州侨批馆藏）

好回批的地址,由收批人收到款后将信装入,交回批局。另一种同样分为两部分,一部分是一个小信封,贴在汇款人的家书背面,写上批信局的名字、批款号码、原汇款人姓名,实系一个自备回复信封。在汇款妥解,由国内的批信局或代理处,在小白纸封上加盖印记,寄回汇出批信局,以备送回原汇款人,作为收款人妥收的凭据。另一部分是小自信封内的复文,印好放在小自信封内,由收款人签名,代替复信。正本送汇款,副本存查汇款人,汇款人称此为回文,收款人叫复信。还有一种则由收款人本人设计。

回批,因其面积小,也因其附属侨批而来,所以俗称"批仔"。由于回批寄往国外,只是很偶然的机会,才会被华侨带回国,留在家中,因而回批在国内的存世量比来批少得多。

3. 总包封

回批总包封是批局按照邮政部的规定,把侨眷的回批集中在一起以总包的形式寄回到国外联号的批局,然后再将回批一一交还给寄批人。1867 年,英国人开始在曼谷、香港、新

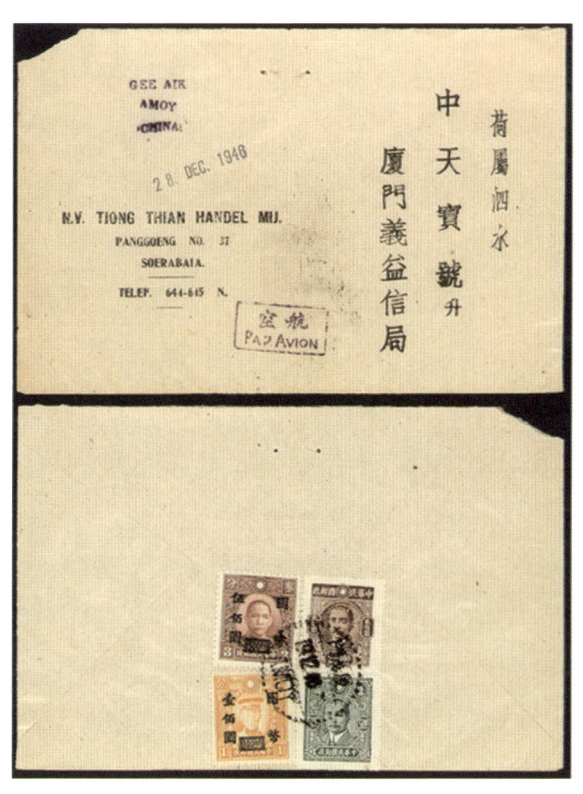

1946 年厦门义益信局侨批总包封,背贴孙中山、烈士像加盖"国币"改值邮票 2 枚、中信版孙中山像邮票 2 枚,邮资共计 850 元,销厦门 12 月 19 日戳。

加坡之间开办邮政业务，部分侨批业者开始通过邮局寄递侨批。批局贴纳国内邮资专条侨批总包，到某个城市后，必须按封逐件纳足邮资，然后才由邮政局在每封侨批上加盖"国内互寄批信及回批邮资已付，特准信局专人带送"的邮戳，之后方可由各个批局拿去分发。

在后来很长一段时间里，侨批往往以总包的形式寄往中国，即按总包内的侨批数量和规定邮资，贴邮票于总包封上，而总包内的侨批则不贴邮票，因此在侨批封并没有邮局贴邮票、盖发出地邮戳等邮寄信息。

4. 侨批里的暗号

可能有人会担心：在侨批封上写明金额，会不会被私吞？遇上国外金融封锁，限制华人汇款，怎么办？聪明的中国人发明了暗号，用各种暗语代指钱款，比如"兹付去烟纸壹佰块""兹付去烟纸柒拾片查收""门牌柒拾伍号""外付饼干捌拾斤""线丸100"等。这些侨批内容看似平常，其实另有乾坤：信中的"烟纸""门牌""饼干""线丸"等代指的是钱的数目，是华侨华人寄送侨批使用的暗语。这些暗号千奇百怪，还有许许多多有待研究者进行破译。

5. 苏州码

苏州码是一种早期的记账方式，也叫草码、花码、番仔码、商码，是中国早期民间的"商业数字"，被认为产生于中国的苏州，常用于当铺、药房等，也广泛见于侨批信。它脱胎于中国文化历史上的算筹，也是唯一还在被使用的算筹系统，因产生于中国的苏州而得此名。现在在港澳地区的街市、旧式茶餐厅及中药房还偶尔可见。当时侨批上会使用苏州码，是因为被迫背井离乡、漂洋过海的都是社会底层人，识字不多，不会写壹、贰、叁、肆这些复杂的中文数字，而1、2、3、4这些阿拉伯数字彼时也尚未在民间普及。在苏州字码中，〡、〢、〣、ㄨ、｜、〦、〧、〨、〩、十，分别对应阿拉伯数字1—10。表示复杂的数字时，数码从高位数向低位数排列，左高右低。例如：41写为ㄨ〡，356写为〣〦〧。如逢1、2、3排在一起时，第一个竖写，第二个横写，第三个又竖写，以免混淆，如121写为｜‖｜。涉及量词时，则在数码的右边加上量词，如"12345升"写成"｜、‖、川、乂、δ/万升"。随着时间的推移，阿拉伯数字日益普及，苏州码的使用则日渐式微，逐步遭到淘汰。改革开放之后，侨批上使用的基本都是中文数字或阿拉伯数字，苏州码退出了历史舞台。

6. 侨批列号

侨批封上的列字及编号，是海外批信局对批信运作的管理方法，是海外侨批信局走向专业化经营及管理的产物。

侨批列字主要有六种：一是用《千字文》中的次序列字头（如天字列为第一次批，地字为第二次批，元字为第三次批，黄字为第四次批，以此类推），逐字头（逐次批）按收批次序逐件编的顺号，填写"某次侨批汇解目录"，详细列明寄批及收批人的姓名、地址和款额。各批局发批时间多为一周一次，虽然也有部分的发批周期为4—10天，或更长些，但为数不多。若按每7天列千字文一个字计算，千个字列完，需历时19年2个月又4天。二是用批局名称的汉字作列字。三是用批局所在地的地名汉译文字作列字。四是用双汉字作列字。五是用中文数字作列字。六是用英文字母作列字。当然，不同批局习惯上对批封的列字方法有同有异，同一批局在不同时期的列字方法也不尽相同。

福建侨批中的家国记忆

第二章 时代记忆：侨批业从兴盛到衰落

早期侨批主要依靠"水客"或"客头"来递送。19世纪末，产生了专门为华侨寄信汇款服务的商业机构——侨批局。1871年在安海成立的郑顺荣批馆为泉州最早的侨批局，而王顺兴信局则在闽南批信局中最具代表性。1896年，中华邮政局成立后，民信局（含经营侨批的民信局）隶属其监管。1934年，邮政总局取消国内民信局，但对专营侨民银信的将其定名为"批信局"，仍准予营业。中华人民共和国成立后，侨批业隶属银行管理，主要侧重于管汇方面。对经营侨汇、侨批的行业（包括水客），除指定银行外，均称为"侨汇业"。1972年5月，国家决定取消私营侨汇业，由银行接办其业务。

第一节 早期侨批快递员"水客"

福建人出洋，主要是靠出卖苦力赚钱寄回家乡以赡养家人。海外打拼的华侨，身在异国却心系家乡，赚到一点钱后就会将积蓄连同信件一起寄回家，用于侨眷贴补家用或偿还债务。早期我国与南洋各地既没有邮电往来，也没有银行汇兑，华侨要和家乡亲人通信、寄款赡家非常困难。在职业"水客"出现之前，主要就是通过来来往往的熟人乡亲，顺道捎带书信、钱财及比较轻便的物件给家乡的亲人。

清末，随着闽人赴海外谋生不断增多，海外华人社会形成，需要寄送回乡的钱财也越来越多，托人寄物不那么方便，于是有些人从中嗅到了商机，萌生出了专门从事代寄信件与财物的从业者，即为"水客"，或称"客头"。他们穿行于东南亚和中国东南沿海地区间,贩运两地土特产等小宗商品,或专门为华侨递送侨批和物件,因乘船走水路故被称为"水客"〔"水客"或"客头"原是用来称呼中国东南沿海地区从事水上小型贩运生意(俗称"走水")的小商贩〕。据文献所载,19世纪40年代,在新加坡的商业街市中,有很多华人聚集在这里,他们多在新加坡充当苦力,或是胡椒园工人。他们来到商贸集市,不外是为了办理由帆船汇款回乡的所有手续。他们多是托同乡的水客或相识的返乡归侨将银信寄回家乡。这些水客按照钱款的10%收取佣金。

郑林宽在《福建华侨汇款》一书中谈到"水客":

> 四五十年前华侨往往托亲戚或朋友于回国之便带些银钱回家,这种汇款方法极不能准期,并且找人也不便利。于是有些人见此情形,认为有利可图,便以替侨胞带汇款为职业,他们给旅外侨胞带钱回国,收取一些手续费,来往国内一次并且附带做些生意即回国时带些南洋土产回国销售,由国内回到南洋的时候,把国内的物产运些赴海外出卖。他们被称为"水客"或"南洋客",亦称"客头"。

初期的水客在城市和乡村之间,大多依靠小店铺,在一定地域范围内为乡亲服务。水客的营业和盈利范围主要有四大块:一是跨国快递业务。他们时常往返国内与南洋,在海外利用同乡、亲友、熟人等关系向华侨收集银信,回国后按地址送银信上门,收取回批,传递国内外消息,并从中收取一定的费用。二是从事跨国劳务中介。他们在自己的家乡招募移民劳工,代办移民手续并介绍工作,还给没有钱出洋的移民融资。有了水客的帮助,初次出洋务工的华人可以省去许多麻烦。三是从事一定的跨国贸易活动。他们出洋时往往还携带国内物产,如丝绸、瓷器、茶叶等特产到海外销售。有的水客收到侨胞的寄款后，还会利用这笔钱来购买海外当地土产，带回国内售卖赚取差价，然后再将售货的款项交给侨眷，从中另获一笔利润。四是利用信款资金放贷牟利。水客要收集到一定数量的信款才启程，在这期间他们会将一部分的钱款放贷收取利息。

早期水客带回的侨批，批封上往往只有寄批者写的收批人名址、批银数额，没有批局印章和邮政戳记。后来，水客带批也需要登记了。在国外，水客揽收批信后，因为没有经营许可证，只能委托有许可证的批局代寄至国内，再由水客自己领出来投送。因此，我们便可看到批信上常常盖有一些人名戳记，如"吴四贵""学禹"等，也有列字和编号。

民国时期水客经办的侨批单据（王朱唇收藏）

不过水客经营也存在着一定的问题：一是递送侨批速度慢，通常一年多才能收到批信和回文。二是信款存在风险，水客利用信款放贷存在着无法收回或逾期收回的风险。三是抽取的佣金过高，通常是信款的10%，甚至15%—20%。四是信用风险，水客仅凭借个人声望而没有雄厚的资产做担保，一旦发生意外，就有损失信款的风险。

水客和客头在侨批业发展史上具有举足轻重的地位。19世纪中叶，在侨批局产生之前,东南亚华人移民寄回家乡的现款和家书,除了少部分托回乡的亲朋好友携带外,基本上都是由水客和客头传递的。可以说,水客的这种经营方式是侨批业的萌芽。

即使后来侨批局产生,水客也并未消失,在相当长一段时间内,他们仍然活跃于侨批业中。中华人民共和国成立后,人民政府为了吸收外汇,仍然允许水客经营侨批,国家对水客进行管理、登记、具保、批准、发证,水客就可以在国内领取到"水客证"或"侨批员"的证件。水客在海外揽收的批信,通过委托海外批局寄入国内后,便可由其在国内自己投送,但批信都得通过邮政寄入,批银必须通过中国银行结汇。

福建永春水客一览表(1848—1907年)[①]

姓　名	地　址	开业年份	收汇地域
陈应谋	丰山乡	1848	马六甲
陈　汉	丰山乡	1862—1874	新、马
王　高	湖堀乡	1862—1874	新、马
黄振同	卿园乡	1862—1874	新、马
李智堂	大路头	1862—1874	新、马
李　勇	华岩乡	1870	新、马、印尼
宋　质	街尾乡	1873	新、马
李　显	华岩乡	1873	新、马、印尼
黄振谈	卿园乡	1876—1878	新、马
陈元燕	丰山乡	1876—1878	印尼
辛　泗	后扁乡	1878	新、马
郑　旺	街尾乡	1884	新、马

---

① 中国银行泉州分行行史编委会编《闽南侨批史纪述》,厦门大学出版社1996年版,第91页。

(续表)

姓　名	地　址	开业年份	收汇地域
陈逮相	岵山乡	1886	新、马、印尼
郑　同	城关	1886	印尼
陈　帛	丰山乡	1886	
邱　墙	洛阳乡	1886	
辜　招	后扁乡	1886	新、马
陈云团	丰山乡	1886—1890	印尼
洪松林	街尾乡	1902	新、马、印尼
黄振明	卿园乡	1890—1906	菲律宾
黄振成	卿园乡	1890—1906	菲律宾
林金俊	丰山乡	1890—1906	新、马
陈　拱	五里街	1896—1902	
陈秀亭	街尾乡	1896—1902	新、马
黄振敏	卿园乡	1892—1907	新、马
柯长绵	城关	1892—1907	
陈礼书	城关	1892—1907	
陈致渊	城关	1892—1907	新、马
郑孙江	城关	1892—1907	

第二节　近代跨国速递业"侨批局"

侨批局是专为出国华侨与国内闽粤一带的侨乡之间办理通信、汇款的特种民信局。因为福建、广东侨乡的方言把"信"称为"批",所以通常将为华侨提供通信服务的侨信局称为侨批局,简称批局。侨批局又称为"信局""民信局""批信局""侨信局""汇兑信局""华侨民信局""批馆""侨批馆""汇兑庄""侨汇庄"等,是一种颇具特色的华人民间企业,有1871年开办的郑顺荣批馆、1877年开办的黄日兴信局、1880年开办的天一信局等。

19世纪中后期,随着移民规模日益扩大,各通商口岸的客邮和外商银行不断增多,同时华侨的汇款也显著增加,侨批业市场规模更加广阔,效率低下的水客经营已无法满足不断增长的市场需求,于是一些富裕的水客和客头也顺应市场变化,投资创办侨批局,经营侨批、侨款的递送业务。郑林宽在《福建华侨汇款》中对侨批局的起源是这样说的:"这种往返国内的'水客'实在不能应付大批的汇款。南洋的侨胞既然日渐加多,汇款的数量也增加,经营汇款事业乃有利可图,于是民信局便应运而生了。"侨批业是在水客的基础上产生的为华侨汇款送信的行业。侨批局的产生大致有三个途径:一是由水客或客头投资创办;二是由客栈、商号等经济组织兼营或转业;三是由民信局转化而来。

例如,福建晋江王宫村年仅19岁的村民王世碑,于清咸丰元年(1851)到厦门谋生,在来往厦门、吕宋的大帆船上当船工。因与来往移民相熟,常代移民传递书信,渐渐获得移民依赖,便辞去船工之职,充任水客,代移民传送银信,每趟收取2%的酬金。之后,他又带领两个儿子来到菲律宾,在马尼拉一位林姓友人开设的刻印店里,开办了"王顺兴信局"。福建龙溪县流传社(今龙海市角美镇流传村)人郭有品,20多岁时到菲律宾谋生。他19世纪70年代来往于菲律宾和厦门间,从充当客头的批脚到自己当客头,最后于光绪六年(1880)创办了"天一信局"。批局形成后,批封上当然就多了一些批局的管理痕迹了,如盖有批局印章、写上列字及编号等。

这是一种颇具特色的经营侨汇业务的华人民间企业,它除了在国内有较多出国华侨的城镇开设联号(或代理店)解汇外,还在国外设立分号坐庄收汇。很多侨批局、银信局都在侨居国和国内商埠及侨属较集中的地区开办分店，开展连号经营，有些又在不同国家、不同地区开办分店，提供全方位一条龙服务。到19世纪80年代，在国内，厦门已有侨批局8家，汕头有12家，海口有1家；在国外，新加坡已有49家，其中，潮州人开办的有34家，福建人开办的有12家，客家人开办的有2家，广府人开办的有1家。据统计，1930年，全国登记的侨批局共有180家，所属国内外分号共700多家。到中华人民共和国成立前夕，还有侨批局100多家，国内外分号共1000多家。侨批局因为本身的规模效应获得丰厚的利润，且诚信经营，急侨胞之所急，两头上门，为华侨提供方便、快捷的服务，故深受海外广大侨胞的欢迎，对海外华侨寄信汇款及加强与祖国联系起到了积极作用。

一、福建著名的侨批局

（一）福建第一家侨批局——安海郑顺荣侨批馆

福建第一家专门经营华侨信件及汇款的民信局，是1871年在晋江安海设立的"郑顺荣批馆"，创办人为安海洋垵人郑灶伯和郑贞伯兄弟。郑灶伯、郑贞伯的父亲是清末驿站工人（俗称"走文书"），灶伯、贞伯两人因受其父工作的影响，遂于清同治十年（1871）在安海兴胜境街（今中山北路）开设郑顺荣信局。安海港是一个重要港口，由于厦门刚开埠不久，因此侨客由安海港往返甚多，当时寄来的侨批便先到安海港。信局初办时，生意兴隆。当时解付华侨汇款由陆路步行，往来于安海、厦门之间。早年侨批的派送解付全靠步行游走于乡间，既没有镖师随同，更无护卫车押送，途中遇劫的案件屡有发生。后来，因被匪徒抢劫，"郑顺荣批馆"遭受重大损失而倒闭。

侨批业兼具邮政和金融双重职能，对近代闽南的影响力不可低估。由于华侨经济的发展，侨汇增加，闽南各地如泉州、厦门的批馆（民信局）蓬勃发展。据《泉州侨批业史料》记载，1930年，仅晋江一地便有侨批馆18家之多，通过批信局汇至晋江地区的侨汇就达1800万银圆。至1949年，仅安海一镇就开设20多家批信局。在一段时间内，安海的侨批中心不仅仅是晋江的中心，还是泉州主要的侨批中心，甚至是福建比较主要的一个侨批集中地。

(二) 厦门最早的侨批局——黄日兴信局

黄日兴，闽南永春石鼓镇卿园村人，生于何年、卒于何时虽已无从查考，但他却是厦门侨批史中最早记载的名字。永春深处大山，土地贫瘠，大量劳力从厦门港口被卖到南洋当苦力，家信成为苦力和侨眷生活中唯一的希望。黄日兴遂当起水客，替家乡人传递银信。1877年，黄日兴在厦门开办了"日兴批局"，为厦门最早专营银信汇款的批局。

由厦门歌仔戏研习中心出品的歌仔戏《侨批》（曾学文编剧、韩剑英导演），将厦门第一家专营银信汇款的"日兴批局"创始人黄日兴一段生与死、血与泪、苦与累、万里乡愁与故土难离的故事搬上了舞台。该剧采用歌仔戏悠扬高亢的"七字调""大调""背思调"，如泣如诉的"哭调"，加之颇为生动的歌仔戏身段，将人物性格和故事情节巧妙地充分融合，将观众带入如歌如泣、跌宕起伏的故事情节中，感受主人公的惆怅与无奈。该剧编剧曾学文充分挖掘侨批这一历史文化记忆本身的历史底蕴、文化含量，既是主人公黄日兴本身的人生抉择史，也是侨眷的感情守望史，同时还是南洋与唐山的社会发展史。

(三) 福建侨批业的龙头——天一信局

1571年西班牙占据吕宋，在这之前就有中国人寓居吕宋。随着漳州月港—菲律宾马尼拉—墨西哥阿卡普尔科大帆船贸易的发展，受到巨额利润和墨西哥银圆的诱惑，更多漳州人前往吕宋。1869年，仅17岁的郭有品漂洋过海前往菲律宾经商，成为一名水客。1874年，郭有品受一些富庶侨商的委托开始充当客头，专门替吕宋侨商及其雇用的华工携带银信回国。经过几年的客头生涯，郭有品深知经营侨批的收益颇丰，便于1880年在家乡龙溪县（现漳州市龙海区）流传村创办了漳州首家侨批局，时称"天一批郊"，比1896年成立的大清中华邮政局还早16年。当时中国在南洋没有设立银行，也没有官营汇兑机构，天一信局以其经营时间长、海外网点多、影响巨大的优势，进而发展为华侨汇款的主要疏通渠道，成了清末民初闽南地区闻名海内外的侨批局"巨头"。

"天一"二字，取自汉儒董仲舒的《春秋繁露·深察名号》中的"天人之际，合而为一"，即"天道与人道、自然与人为"合二为一，用天作为徽志寓意天下一家，表达了郭有品创办侨批局是以"仁爱"为准则，一切以"为人"为根本。"天一"亦可解释为"天下第一"之意，寓有服务质量天下第一、信誉天下第一、经营规模天下第一、传递速度天下第一、通信质量天下第一等含义。

天一信局开办后，每批银信均由郭有品本人亲自收取、押运回国。在一次押运侨汇途中，船遇台风而沉没大海，郭有品获救后返乡，便变卖田物兑成大银，凭衣袋中仅存的名单款项一一赔偿。每批侨信到达后，天一总局便在楼前升天一旗，附近几个村庄远远便能望见，侨眷便互相传递消息，及时领取，未领取者天一总局便于次日投递，遇有远途来取者，天一信局还专设休息室提供休

漳州台商投资区的角美镇
流传村天一信局旧址

息之便或招待食宿，让侨眷们享受贵宾待遇。汇款时如款项一时未到，其信用可靠者均可以先垫款汇去，待回批到时再收回垫款。天一信局以严格管理、规范汇率以及热情周到的服务赢得了海内外侨民、侨眷的信赖，业务日益增多，区域日渐扩展。

"天一批郊"主要经营吕宋与闽南之间的华侨银信汇兑业务，在流传村设有总局，在厦门、泉州安海、吕宋设有分局，随后，郭有品又在南洋的马来西亚、新加坡、印尼、泰国等国设立23家分支机构。吕宋分局在收寄前，一般会提前三四天预先通知当地侨胞，并派人挨户询

收，然后将信札托寄定期往返于南洋与厦门的客轮或由外国商埠邮轮带到厦门，侨汇则由外国银行寄送厦门，厦门分局接到后再分拣送往各处。

1901年郭有品病逝后，其长子郭行钟子承父志接管了天一信局，精心经营，并于1912年将天一信局改为"郭有品天一汇总银信局"，分设信汇和批馆。几年来，天一总局业务锐增，盈利甚丰。至1921年，分局达到33家，区域遍布东南亚各国及国内厦门、泉州、漳州、上海、香港、金门等地，雇用职员556人，其中国内163人、国外393人。天一信局每个分局的侨汇总额月均有数万元银圆，鼎盛时期年侨汇额达千万元银圆。1921—1926年，每年收汇1000万至1500万银圆，相当于闽南一带侨汇的三分之二，以至于1928年天一信局宣布停业时，曾引起闽南金融界的短时间波动。

1921年后，由于东南亚一带经济不景气，侨商收入普遍受损，因歇业而回国的华侨渐多，侨汇逐渐萎缩，天一信局的利润从此开始滑坡。20年代中后期，东南亚殖民统治者施行苛捐杂税，民信邮资猛涨一倍，天一总局还常遭当地军政勒借，直至入不敷出，严重亏损。在无可奈何的形势下，天一总局终于在1928年春节前的1月18日宣布歇业，并将总局及所有分局房产统统转卖以弥补香港及吕宋分局的严重亏空。

天一信局从1880年创办至1928年停业，历时48年，是中国历史上规模最大、分布最广、经营时间最长的民间批信局（也称侨批局），"是中国近代邮政史、金融史、华侨史中不可或缺的一页"。

二、侨批业的经营网络

（一）侨批局的经营范围和运行模式

1. 侨批局的经营范围

侨批局的经营范围不仅包括办理信函业务，还涉及银行业、汇兑业及商业，这是其主要收入来源。除了收送信件，侨批局还拥有相当数量的资本,从事贸易和银行业务。侨批局签发汇票,收费约 1%,较钱庄的汇率高。

2. 侨批局的经营形式

一种是由民营批馆兼营。由国内原有民营批馆接受水客委托,兼营转汇银信业务,即水客除了自己派送和雇用临时信差协助派送外,还委托内地民营批馆代为分发。1871 年左右,厦门、安海已有郑顺荣批馆兼收代转银信。19 世纪 90 年代前后,已出现以经营银信业务为主的批馆,如厦门、泉州的如鸿信局,即在厦门专收水客带回之信款,在泉州雇用信差分送。

另一种是由侨栈兼营。即有条件的水客在厦门开设侨栈,专门接待新旧侨客进出口岸,同时兼办或代理水客银信业务。初期侨汇不多,一般以托交内地批馆转递为主,其后业务增加,始在侨汇集中地区自设特约信差或代理机构,并直接接受南洋侨批局或水客委托。当时厦门的新顺和晋利,以及稍后的连春、三春、捷顺安等局,都是由侨栈发展起来的。

第三种是水客自设侨批局机构。厦门早期水客自设机构的有黄日兴信局(1877)和天一信局(1892)等。1892 年,菲律宾水客郭有品于 1880 年在漳州流传村设立的"天一批郊"改为"天一信局"(正式企业登记),并分别在马尼拉、厦门、泉州设立收汇局、承转局和派送局,明订汇款汇率,雇用固定信差,严禁陋规(过去信差工资有的向收款人收取,信差经常向侨眷索取小费和夹付小银,招致侨眷不满),收解信款手续也有一定规程,成为厦门最早的正规经营的专营侨批局。

3. 侨批局的汇款流程

通过侨批局寄送侨批的流程包括华侨从南洋汇款到亲属手中,并最终收到亲属回信,此过程大概分为四个流程:

一是华侨汇款人到信局投递信款。华侨到就近的银信局寄信款,这时信局会出具收据给汇款人。这个收据是个三联单，一联交给汇款人，一联交信局作为存根，一联寄到国内。华侨汇款大多是使用当地货币，由信局帮忙根据汇率兑换成中国货币。在新加坡、菲律宾等地的银信汇款也可以由银信局先垫付汇款，等信局收到国内回批后再向汇款人索要汇款。

二是国外银信局将收到的零散批信打包发往国内。国外信局会将一定时间段内的批信或是寄往同一地区的零散批信打包，交邮局转寄，按照邮包总重量收取函类邮资。由于时间差，银信局收到汇款后不会马上就寄回国内，其中所产生的利息归信局所有。此外，南洋信局还可以利用收集到的汇款购买商品到国内销售，赚取利润。国内各信局虽然没有收到南洋的现款，但是他们仍按照侨信中所写的钱款分送各收款人。

三是国内侨批局分发信款。南洋信局将总包寄给国内接收的银信局时，往往会另外写信或者电告所汇的款项有多少。国内信局收到汇款通知后，就开始登记这些信件要投送的地址、姓名及款额。小额汇款可由信差携带现金按址送达各收信人。如果是大额的票汇，则需要收款人到信局兑取，或者是将票汇给别人代为取款，收款后需要交付收据。每个批局都有自己固定的客户，由收批人分头到各处或内地收批，批局手头掌握着华侨与家乡亲属名字、地址，所以只写名字的也可分发到收批人手里。当时由于交通不便，地址不清，邮政、银行机构设立还不普遍，侨乡侨眷老弱妇孺文盲者居多，侨汇登门派送和服务受到侨眷普遍欢迎。

四是收款人回信寄回南洋，也就是回批。一般回信需要由批信局集中寄回南洋，但也有回信收款人自行投寄，仅将收据交回信局，收款人的回信邮资由信局承担。

4. 侨批国际汇兑方式

侨批国际金融汇款主要有信汇（侨批）、票汇和电汇三种。

"信汇"即汇款人在信封左方标明汇款的数额，也称"外汇"。信汇的信和款由信差登门送达,信汇一般情况下用于小额侨汇汇款。

"票汇"指汇款人购买信局或邮局的汇票并由原信中寄回,亦称"内汇"。汇款人购买信局或邮局的汇票,于原信中寄回收款,有时汇票也由回国侨胞带回,票汇用于大额侨汇汇款。

"电汇"即用电报汇款,国内侨批局接到国外侨批局或委托局发来的要求交款的电报时,不管款项是否到达,都要立即解付给收款人。电汇比其他汇兑方式快捷,但收费也贵。

福建侨批金融汇兑业务繁忙,侨汇额数量巨大,许多著名的侨汇庄、钱庄、商号在侨批汇兑业中普遍使用汇票,汇票在侨批业中扮演重要角色,这是福建侨批业的一个显著特征。华侨汇款需向信局付手续费,手续费因汇款方式及国内收款地不同而不同,一般由南洋汇至厦门的外付每千元收手续费 8 元,内汇的手续费每千元收 0.55 元。

(二)侨批业网络的形成

侨批局是从国外向国内发展的,一般是总局设在南洋,分局设在厦门、汕头等靠近华侨家乡的市镇。由于侨批局对华侨服务周到,信誉卓著,几乎垄断了华侨寄信和汇款的业务。它们对便利海外华侨寄信汇款和加强华侨与祖国的联系起到了积极作用,受到了海外广大侨胞的欢迎。当然,侨批局本身也获得了丰厚的利润。

三盘经营制度是侨批业最为普遍的经营制度。根据侨批业务的流程和任务的不同,侨批业一般有三个相互联系的机构,即头盘局、二盘局、三盘局。这三种机构是如何分工又是如何相互联系的呢?

头盘局即海外侨批局,海外局的直属分局或联号,设在海外或是国内。主要代理海外局业务,向海外侨胞收汇、代书信文,集中交由口岸承转局转内地局派送。在海外的头盘局要有海外当地政府颁发的营业执照才能经营。海外侨批局收到华侨的信款后,凭信上所写的收款人姓名、住址、金额胪列清单,由邮局将侨信清单寄回其国内代理局。头盘局不但承转收汇局侨批业务,多数还兼营二盘局业务,有的还兼办总局联号汇兑调拨。

二盘局是侨批业的重要枢纽，是南洋收汇局的代理局，接收海外的头盘局送到国内的侨批并组织派送。常在国内的通商口岸设立，为海外信局与内地信局的承转机关。这种代理局一般都是主营他业，兼办信局，等到海外寄来信件，即分别交由内地信局转送。

三盘局常在侨信的分发中心地点设立，主要负责按信件上的编号及家属姓名将银信送到华侨家属处，同时取回回信（也就是回批），有时遇到不识字的收款人，投送人员还会代为书写回信，帮忙带回。此外，还有特约信差的形式，一般是当地农民和小商店业主的副业，按件收费，忙时还雇用临时信差帮工派送。

作为著名的侨乡，福建的侨批业曾盛极一时，侨批信局遍布全省各个地区，尤以闽南系侨批最为著名。因派送地域的区别，经营侨批业务的信局常以乡谊的关系维持各自的营业范围，逐渐形成了以厦门、福州、涵江等口岸城镇为中心的厦门系、福州系、兴化系和闽西系四大侨批地域体系。反映福建侨批四大经营体系的文献与现存的著名侨批局遗址（如王顺兴信局、天一信局遗址等）相互印证，展示了福建侨批业独特的地域特征。[①]

1. 厦门系侨批。这是福建侨批史上历时最长、规模最大的一个体系，其派送范围遍布闽南地区的十几个县市，它也是现今所称的"闽南侨批"。1891年底时，厦门有8家侨批局，其业务是发送和接收来自海峡殖民地、泰国、西贡、马尼拉和其他外国口岸的信件。厦门系侨批派送区域可分为泉州和漳州两个片区。从总分局的关系讲，主要分为两种情况：一是总局设在国内的。如在漳州设立总局的"天一局"，在马尼拉、西贡、槟城、新加坡、棉兰、巴达维亚、万隆、三宝珑、仰光等

---

① 关于福建侨批的四大经营体系，参考王惠伟、郑宗伟：《福建侨批档案与申遗》（一），中国档案资讯网。

地设有分局或代理店。还有总局设在国外的,如以东南亚为根据地的银信局,在新加坡、曼谷、马六甲、巴达维亚、马尼拉等地设立总局,在香港、广东、海南岛、福建各地都有分局或代理店。海外寄到闽南的侨批大多数经厦门局承转,然后送至泉州、漳州各县的分支或代理机构,再由其解付至侨眷手中。厦门系侨批海外收汇地主要是菲律宾、马来西亚、新加坡和印尼,另外还有少量为缅甸、越南、泰国等地。

2. 福州系侨批。福州为闽东地区侨批的主要集散地。福州系侨批局的派送区域包括闽侯、长乐、福清、永泰、闽清、三都澳及闽东和闽北的部分县市。福州系侨批海外主要收汇地区为马来西亚、新加坡、印尼、缅甸等,另外还有少量为越南、泰国、日本、美洲等。

3. 兴化系侨批。莆田成批华侨出国的历史很短,初时大都是通过厦门侨汇局转汇的,19世纪末才开始有专营的侨汇局诞生。1919年成立的美兴侨汇局,为莆田侨汇局首创。聚华、通美、又德等商号也先后设局收汇,经营侨汇业务。到1936年,计有福源隆、新和、福隆兴、义德、建南、亨利、美兴、通兴、承丰、程茂盛等商号经营侨汇,全部系头二盘局。兴化系侨批承转局大多设在涵江镇,派送范围为仙游、莆田及福清的部分侨乡。由于地理位置和经济发达的优势,涵江镇成为莆田乃至闽中地区侨批派送及回文收发中心。兴化系侨批在海外主要收汇地是新加坡、马来西亚、印尼等,各大信局总机构大多设在新加坡。

4. 闽西系侨批。闽西系侨批规模不大,闽西侨批大多由厦门或广东汕头承转,派送范围包括龙岩、永定、上杭、长汀等。海外的揽收地区主要是新加坡、马来西亚和印尼等。

第三节 侨批业退出历史舞台

侨批局在经营的过程中并非一帆风顺,它们也面临着殖民势力欺压、战争和政策的影响,还有自身经营问题,土匪、盗贼的侵扰等各种各样的困难和挑战。

一是殖民势力的欺压。英国人赫德自 1878 年委派德璀琳试办海关邮政，到 1896 年由清光绪皇帝批准，正式开办国家邮政（大清邮政）。为了谋取中国邮权，赫德进行了多方面的活动。比如规定侨批局必须把银信按总包交大清邮局寄递，并要求先贴足国外邮票再贴足本国邮票才准收寄。寄往国外的邮件，常常在国外海港被扣受罚；寄回国内的银信，国外英国殖民政府组织的"华人小邮局"规定，华侨银信必须交由"华人小邮局"寄递，民信局受到本国统治阶级和外国殖民主义压迫。

二是战争的影响。1937 年全面抗战爆发，尤其是太平洋战争发生后打断了这一进程，受战争影响，侨批业渐趋停业。1938 年 5 月，侨汇的重要中转站厦门沦陷，厦门侨批局转移泉州，全省侨批局减为 67 家，1940 年减为 50 家左右。中国银行凭借其业务优势，积极发展侨批汇款业务，1940—1941 年间，经收侨批汇款 71 万封（笔），占福建省进口侨信三分之一，导致侨批局业务下降。1941 年太平洋战争爆发，香港及南洋各地先后沦陷，福建省南洋侨汇中断，侨批业完全停业。

三是政策的影响。1934 年，中国邮政通令取消民信局，对专营国外华侨银信及收寄侨眷回信的民信局仍允许继续经营，改名批信局，福建全省保留 121 家。1934 年 6 月 20 日，交通部明令"凡国内民信局，应逐渐停止营业，至二十三年年底为止"，并言交通部已在 1933 年 12 月 9 日和 1934 年 3 月 26 日发出过类似命令。另外，1934 年 2 月，国民政府行政院通过民信局取缔案，规定各民信局应于 1934 年底停止营业。这样，民信局就失去了法律上存在的可能性。

四是自身经营不善。随着侨批业迅速发展，一部分侨批局套用侨款投机失败，也给华侨侨眷带来损失。1920 年至 1936 年，闽南侨批业因滥发山票（侨批局印发的兑换券，在侨乡用以解付侨汇），套用侨汇投机而倒闭和改组的估计在 24 家以上。如 1927 年天一信局投机倒闭，倒欠侨款山票估计达 50 万元。

1949年10月以后，中华人民共和国采取保护侨汇政策，并继续发挥侨批局的作用，将其纳入中国银行和邮局的体系之中。1968年，中侨委下达文件，明确对民营的侨批业采取联合经营的方式。由于国内邮政和银行的普遍设立，侨乡交通治安日趋良好，侨眷文化水平日益提高，国内侨批业的便利侨汇和服务侨胞的特殊作用逐渐为邮政和银行服务所代替。

1975年，厦门侨批业办理结束，从业人员和职工全数转入集体所有制的海外私人汇款服务处；年底，海外私人汇款服务处并入中国人民银行厦门市支行国外部（中国银行），成为该行国外部的一个部门。由于福建侨汇业的特殊性，福建侨批业直到1976年才最后被撤销。1976年，成立厦门侨批业清理小组，对各侨批局资产负债进行全面清理，办理股东退股。至此，厦门侨批业宣告结束。1976年，大陆的最后一个侨批局——福建永安侨批局关门了。此后，侨批的业务、人员及财产全部并入中国银行。中国银行正是吸收了侨批局员工、经营网络，借鉴其经营方式方能顺利接管侨汇业。

今天，随着国家银行侨汇业务的发展，传统侨批业退出历史舞台。但侨批文化永远不会过时。追寻侨批文化史迹，探寻掩藏民间的侨批文化遗存，窥探其广博多彩的人文记忆，是民俗文化的又一亮点。侨批是海外华侨以"信款"合一的形式寄回故里的家书，这些侨批寄托寄信人的真实情感，反映了当时的社会、经济、文化、时局等背景，堪称微缩的历史，弥久而更显珍贵。

第三章　纸短情长：福建侨批中的家国记忆

华侨与故乡有着千丝万缕的血缘关系，他们对祖国、对家乡有着深厚的感情。从辛亥革命到抗日战争，再到中华人民共和国成立，福建华侨为中华民族的伟大复兴矢志奋斗、前赴后继、不畏艰辛、任劳任怨，为祖国付出了血汗甚至生命。侨批是联结海外华侨与家乡核心纽带的家书，被称为跨越大洋的来信。侨批是赡养眷侨的生命线，是维系侨乡情感的纽带，是支援祖国革命和建设的有力保障之一。2013 年，侨批档案被联合国教科文组织列入《世界记忆遗产名录》。侨批中记载华侨寄钱回乡赡养父母、支援抗日、投资办学、建设医院等故事比比皆是，纸短情长，却蕴含着浓厚的家国情怀。

第一节　"家书抵万金"

"批一封，银二元"，一封侨批就是一个故事。在那一封封侨批的背后，是福建人在外拼搏的精神，是华侨对家乡牵挂的情感。家人的温饱、健康、安危乃至终老，是他们最大的牵挂。在儒家的"君臣、父子、夫妇、兄弟、朋友"五伦中，以血缘关系为基础的家庭伦理处于首要和优先地位，作为中华优秀传统文化的"孝道"基因，始终流淌在华夏儿女的血液中，也涌动在侨胞的侨批中。正是在这种传统儒家文化影响下，福建华侨远离故土仍心系家园，稍有积蓄便会附上简短家书寄回家中，以赡养父母、妻儿、兄弟、姐妹。在现有的福建侨批文献中，我们常常可以看到"祖母大人膝前敬禀者""父母兄弟安康否"等问候语。

一、不忘亲情，赡养家人

1920年菲律宾华侨许书琏寄给晋江龙湖祖母蔡氏的侨批，是福建省目前最为完整的正回批成对侨批。

1. 正批①

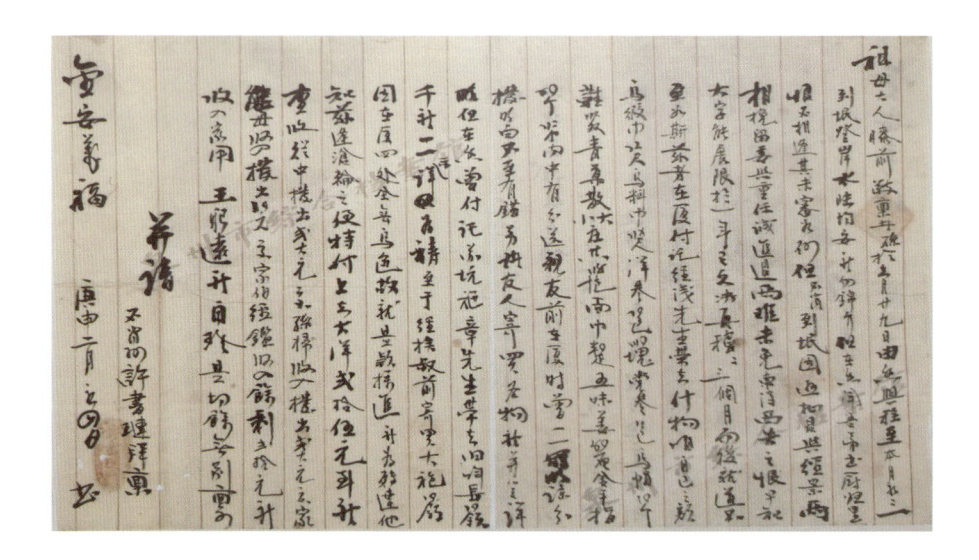

该批文原意大致如下：

祖母大人：

孙儿上个月29日从香港启程，于本月3日到达菲律宾马尼拉，一路平安，不要担心。我在香港时听说弟弟书厨回到家乡，没有见上一面，不知道近况如何。我到马尼拉后，逊扯和经景都争相挽留，到他们那里供职，我感到左右为难。……我在厦门的时候托经浅先生带去一些东西。我们自己家的有颜乌缎巾1.6尺，乌料巾2.4尺，洋参1包3块，党参1包，乌帽1个，鞋2双，青果散大

---

① 泉州侨批档案馆收藏。

第三章 纸短情长：福建侨批中的家国记忆

小庄共25包，面巾半疋，五味姜5厘，金手指4个，□□内中有分送亲友。之前在厦门的时候已经一一分拨清楚，不会有错。另外有亲友们寄买的各种东西，也已写明。在香港时曾托苏坑乡施章先生带去旧咩1领。至于经挨叔之前寄我买的在袍1领，因为在厦门四处寻找没有黑色的，所以就按照款式买了，请帮我转告他。刚好碰上回去的轮船，寄去大洋25元，从中拨出2元给孙媳妇，拨出2元给继母，1元给伯父经鉴，剩下的留作家用。

并请

金安万福！

不肖孙许书琏拜禀

庚申（1920年）二月初四书

侨批不单可以寄钱款，还可以寄物品，许书琏在信中对当时一同寄回的颜乌缎巾、乌料巾、洋参、党参、乌帽、鞋、青果散、面巾、五味姜、金手指等一一说明，并安排好随信寄回的钱数如何分配。

2. 回批①

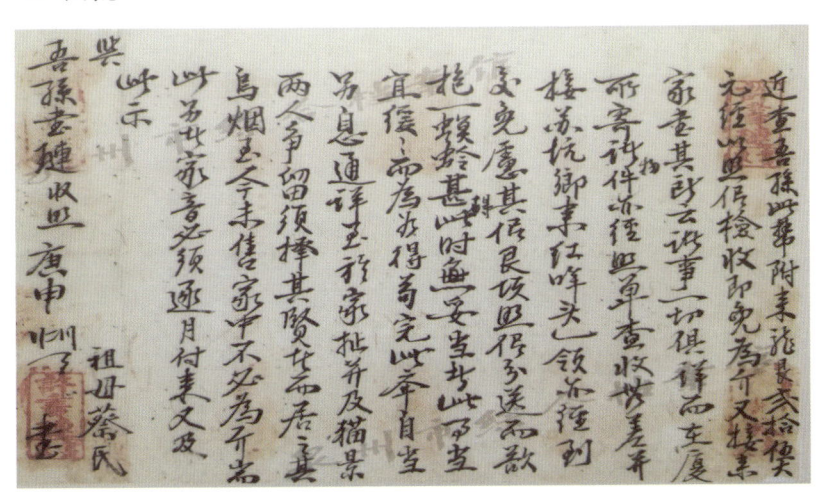

---

① 泉州侨批档案馆收藏。

该回批原意大致如下：

孙儿寄来的龙银25元已经收到，在厦门寄回来的所有物品也都照单收到没有差错，苏坑乡送来的红咩头一领也已收到（笔者：至于"红咩头"是什么，至今还未解读出来），不要顾虑。钱款也已按照信中要求分送。而想要领养一个孩子的事有困难，现在还没有找到妥当的人，这件事情慢慢来，如果办成，再回信告知。至于逊扯和经景两家店竞相邀请，可选择贤能的去。大烟至今没有卖出。不要记挂家中。另外，给家里的钱要按月及时寄付。

吾孙书琏收

庚申（1920年）二月二十三日

祖母蔡氏书

信中说道，"吾孙此帮附来龙银贰拾伍大元，经以照信检收，即免为介"，"在厦所寄诸物件亦经照单查收无差……免虑"，表明寄来款物都已收到无误，说明当时侨批信局以诚信为重。"而欲抱一螟蛉甚碍，此时无妥当者，此事当宜缓缓而为"，祖母大人还不忘对孙儿忧虑之事给予指导；信中又道，"另者家音必须逐月付来又及"，侨批的初衷就是赡养眷属，作为"家庭生活的生命线"，侨批是家乡侨眷和海外侨胞感情维系的纽带，也是华侨对家庭不忘根本的承诺。

二、故土观念深厚，回乡建房置业

在千百年的农耕文化影响之下，中国人骨子里有着浓厚的乡土情结。安土重迁是中华民族的传统，我们祖先有个根深蒂固的观念，以为一切有生之伦，都有返本归元的倾向：鸟恋旧林，鱼思故渊，胡马依北风，狐死必首丘，树高千丈、落叶归根。华侨离开故土后，无论身在何方，都在极力保护着身上镌刻着的乡土文明。哈佛大学汉学家孔飞力教授认为，安土重迁的另一面，就是"衣锦还乡"。绝大多数从故土家乡

第三章 纸短情长：福建侨批中的家国记忆

向异域他国迁移的中国人，其意愿多为在国外打拼一段时间后，就衣锦还乡。在很多侨批中，我们就能看到在外的华侨寄钱回乡建房置业。

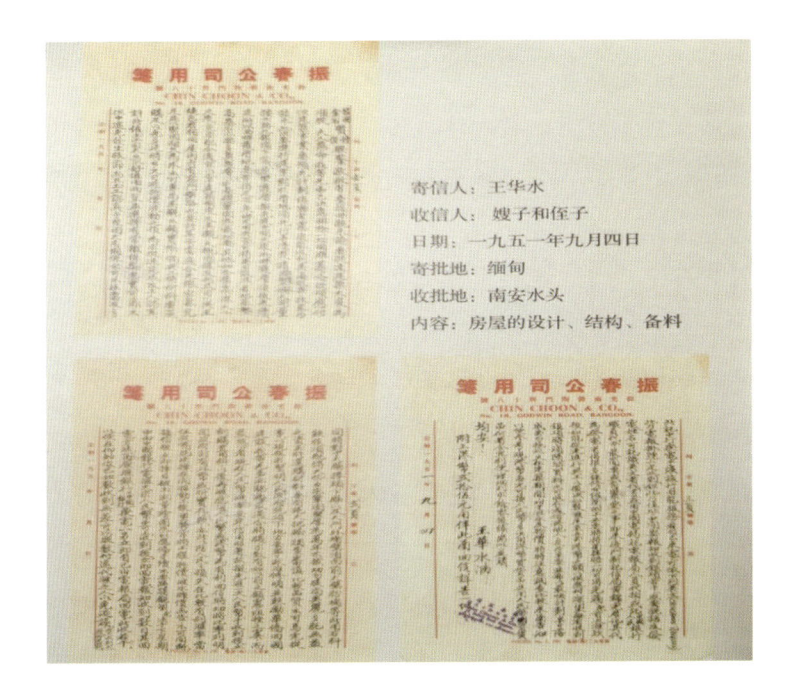

寄信人：王华水
收信人：嫂子和侄子
日期：一九五一年九月四日
寄批地：缅甸
收批地：南安水头
内容：房屋的设计、结构、备料

该批文原意大致如下：

吕西嫂子、金石侄儿：

接连收到母亲的吩咐，要快快建房子，为顺从母亲大人的嘱咐，我们兄弟已经决定排除一切困难，筹款兴建房屋。但是建房子的事情要预先做计划，进行缜密的考虑，才能做得完美。首先要把用地弄清楚，请吕鉴、吕竖二位姐夫测量，按照六路九架顶下落，兼有左右两边的房屋，准备先建中间的大厦，两侧的护厝以后续建，所以西侧的房屋，要量够尺寸用地，东侧的是否够用，等以后再想办法。如果地基要垫高，基石要多打几层，地基牢固是最为重要。其他全屋的进深尺度要大小合适，要兼具建筑的规范和美观，大概的图样和形式可以跟王烧包家的相同。屋内的所有门窗墙壁也要设计妥当，光线充足，空气流通，并且要坚固耐用，不能只追求美观，不顾实际。如果开工，材料要一次性买齐，不能拖延太久，避免物价上涨。为了能快速建成，工人要认真选，所雇的土工师傅，最好要找为人正直、有常识经验、老实可靠的，避免中途发生意外，而且土工认真，房屋也能更坚固，这个事情不能不注意。同时，对于大厅、榉头、下厅，以及大门外堵墙等，所用的石料、铁枝用料要足，力求巩固坚厚为万年不拔，不能只顾好看，浪费钱。对于选购材料，要有绝对把握，货比三家，不可马虎行事。我们现在处在贤明的人民政府统治之下，地方安宁，政治修明，并鼓励华侨回国建设，我们兄弟认为这是最合适的时机，不能像以前一样瞻前顾后。现在最让人放心的是，人民币汇率稳定、信用高，所以先寄一次人民币回去，你收到后，立刻购买材料。以后再汇款，应该是人民币和港币最合算，回信的时候，要把这二者比率写清楚。听说政府有购买外币或折实存款①，都是为了防止人民币贬值，可以比较有利汇率，由侨胞任意选择。在开始动工后，希望时时能将工程、物价、汇率来信告知，不可间断。接到信后，应立即选日子破土测量绘图，以及一切应备手续，不要踌躇观望。儿子准备下个星期由中国银行电汇一大笔人民币，收到后，请即回电，告诉我收到的钱数。回电的方法：一、托中国银行回电；二、自己到电报局回电，以便让我知道你收到的数目有没有差错，在钱款到后，仰光会照数付给代为汇款的人，以免延误。如果是托中国银行回电，他

---

① 折实存款，就是按"折实单位牌价"，把货币折成以实物为单位来存取的一种储蓄。具体是指储户将人民币存入银行，银行将人民币按当日公布的折实单位价格牌价，折算成单位份数存入；支取时，以原存单位份数及利息，再按当日的牌价将折实单位换算人民币付给储户。储户存单上以实物单位多少个表示，不记载人民币数额，从而保证了老百姓手中人民币的实际购买力不受影响，解除了因物价上涨而生活受损之忧。最终目的是缓解市场压力，逐步打消人们持币抢购的恐慌心态。

们有这项服务；如果是自己回电，可以按照以下英文（CHINCHOON RANGOON）回，这是电报挂号，一定会收到，但是这个是住址，中间告知收到多少钱，如果要留言和写发电人姓名，可以拜托懂英文的人代书，或者用中国电码托电报局的人代拍，或者托中国人民银行职员代办，最为简单。如果有要紧的事，可以到厦门新记信局找黄锦虎先生，托他代为发电，省事很多。写了介绍信附上，必要的时候拿介绍信前往，可以办妥。儿子首次汇款后，如果能顺利开工，以后决定总的汇足五万港币，以供使用。希望每次收到钱款后，能及时购买材料，不能存着或是借给他人，这很重要。希望能够早做计划，早日落成，不要拖延。还有，在建造期间，对于汇率和物价，要时时注意进行调查比较，来信告知，以便参考。现在港币每天可以换多少人民币，用港币买货品和用人民币买货品，哪个更便宜合算，详细说明，我们再考虑。

附上港币25元，回信详细告知一切。

王水华手书
一九五一年九月四日

这封写于1951年的侨批，1200多字，内容十分丰富。当时，中华人民共和国刚成立不久，时局稳定，海外华人对于新的人民政府十分信赖拥护，认为这是建房子的好时机。王水华兄弟多人常年都在外打拼，对于家中盖房子都十分上心，竭尽全力汇款支持家中盖房子。信中提到"六路""九架""大厝""护厝"，可以看出将建的房屋是典型的闽南风格建筑。"六路"指的是房屋的进深，"九架顶"指的是房梁的构造，房屋中间的主体叫"大厝"，两侧的房屋叫"护厝"，类似"东西厢房"。对于钱款的安排，王水华在信中多次提到家人收到钱后要尽快采买材料，不要存钱或是借给别人。这是因为中华人民共和国成立初期，新生政权刚刚从国民党政府手里接管城市，国家财政经济面临重重困难，物价和汇率不稳定。为稳定金融，政府也采取了购买外币或折实存款的办法。从信中我们还可以看到，当时中国银行和银信局二者并存，既可以通过中国银行汇款，也还可以通过银信局发电。这封信既有对房屋的设计规划，又有对港币与人民币汇率、建筑材料物价的考虑，一切从建设速度、质量、性价比考虑，体现了发信人对家乡的了解及用心程度，证明海外华人跟祖国是紧密联系的。

三、重视孝道，家庭观念重

《礼记·礼运》篇中说，"老有所终，壮有所用，幼有所长，矜寡孤独废疾者，皆有所养"。这是原始社会氏族大家族里人们尊老爱幼的朴素情感的真实写照。中国人重团圆、重亲情、讲孝道，并强调家庭的和睦。侨胞具有强烈的家庭观念，省吃俭用，尊老爱幼，每逢中秋、春节和长辈生日，用大红信笺写信并寄钱回家；秉持和为贵理念，叮嘱家人要睦家友邻；告诉家人要以勤俭、勤劳作为立身之本；谆谆教导子弟立志向学，增长才干，提升自我，报效国家，"天下兴亡，匹夫有责"这样的话语不时出现在他们的书信中。

1. 许书琏家书

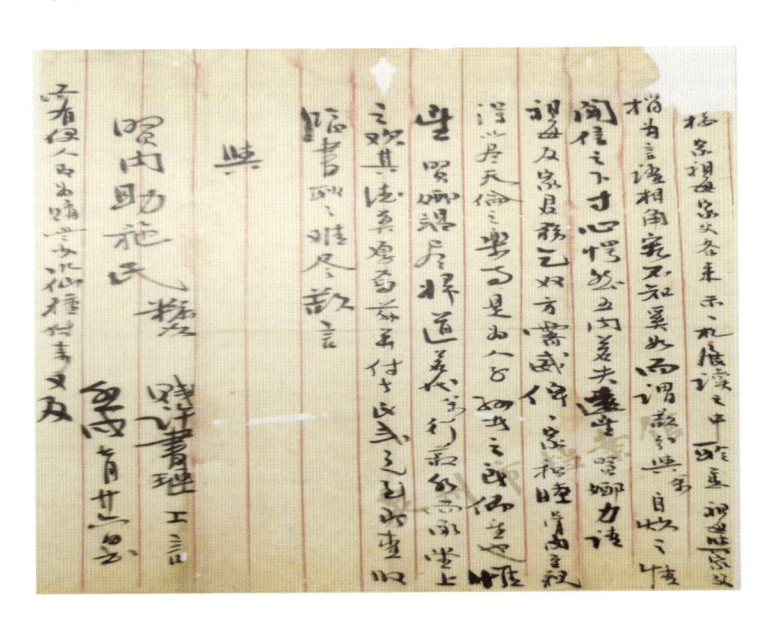

第三章 纸短情长：福建侨批中的家国记忆

这是许书琏1922年写给在国内妻子的一封信，信中谈到他得知祖母和父亲言语相角乃至分家自炊，心情愕然，五内若失之情跃然纸上，让人看到也觉得许书琏远在他乡又心系家里大小事务。后嘱咐妻子竭尽妇道，代替他尽儿孙之孝，化解家庭矛盾，以便一家和睦。

批文原意大致如下：

> 分别接到祖母和父亲的家信各一封，收到信后知道祖母和父亲在言语上有冲突，不知道什么原因要分家各自开伙。读过信后，我的内心怅然若失。希望贤夫人能够请二老收敛忍让，一家人和睦相处，这样骨肉至亲才能共享天伦之乐，这是子孙们所盼望的。希望贤夫人能竭尽妇道，如果能代我们供养长辈让老人们高兴，便是大德。付上两元钱，请查收。还有好多话想说。如果顺便有人来请买一些水仙种（笔者：这里的水仙种应该指的是水仙稻的种子，而非水仙花）带来。

许书琏
壬戌（1922年）七月二十六日书

2. 颜文初家信①

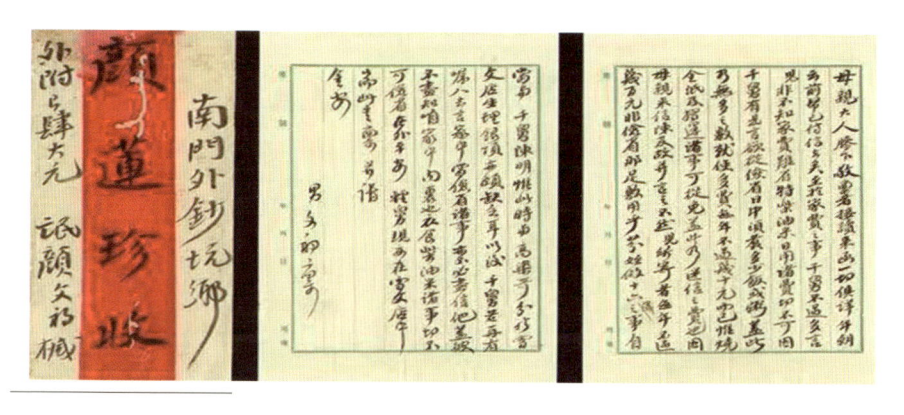

---

① 王晓靖：《见证抗战历史的侨批》，《海内与海外》2021年9月。

该侨批原意大致如下：

接到来信，家中的事情都了解了。年朝（笔者：不知是否指天庆节）云前已帮忙带信了。至于家用的问题，千舅不要多说了。儿子不是不知道家用难省，特别是柴、油、米、日用各种费用，千万不能因为千舅的话，就要从中节俭。一天中需要煮多少饭或粥，也没多少，就算多花钱，一年也不过几十元而已；只是烧金纸、折运之类的做迷信的事情，可以不要做，浪费钱。因为母亲来信说到，所以一并说了，不然，儿子每年寄回去不过几百元，不节俭哪里够用。侄女芬做十六岁成人礼，应当跟千舅讲清楚。在这个时候，跟高梁哥分析：雪文店也缺买卖的钱。以后，千舅如果再叫人来说家里要节俭的事，不要都听他的，因为他不知道我们家中的情况。衣食柴米种种事情千万不能节俭！我在外平安！千舅现在也在雪文店里，也请告诉他，并请金安！

儿子文初

颜文初（1882—1942），名芸枢，字文初，泉州石狮灵秀镇钞坑村人。1911年，他于省城高等学堂毕业后不久，南渡菲律宾，在马尼拉任《公理报》主编。1942年4月15日，颜文初和其他8位抗日志士被日军秘密杀害。在这封信里，颜文初一再叮嘱母亲，在柴米油盐等日常开支上不要节俭，该花的要花。反倒是在烧金纸等迷信事务上不要浪费钱，侄女的16岁成人礼也不要铺张浪费。因为千舅对家中的事情不了解，所以不能都听他的。从中可以看出，颜文初对母亲十分孝顺，关心母亲的起居饮食，也体现了他深受西式文化影响，想要破除迷信，移风易俗。

第三章 纸短情长：福建侨批中的家国记忆

3. 庄文梯家信①

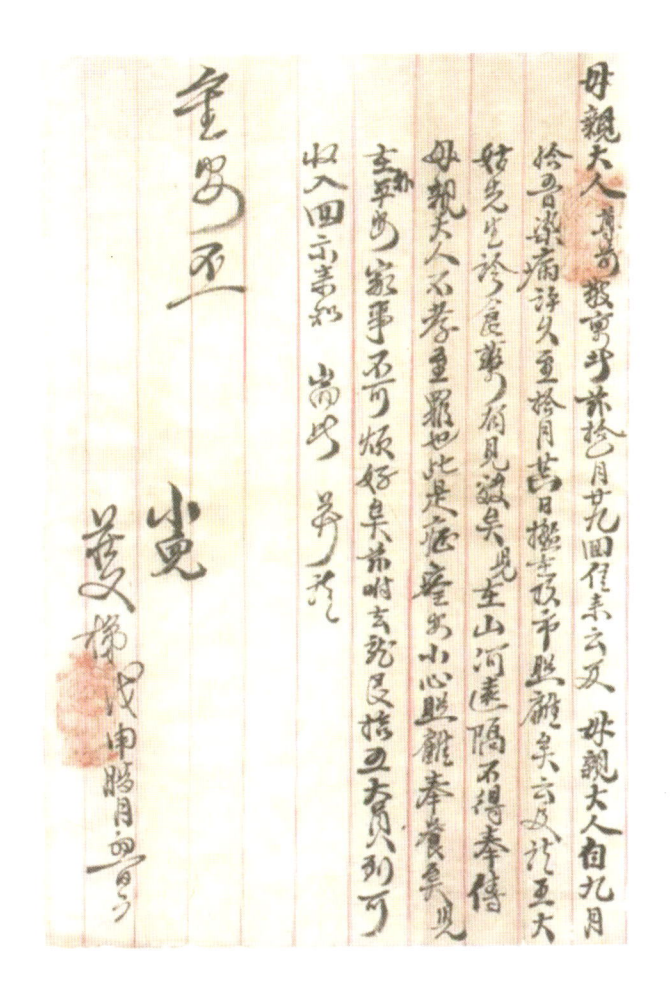

该侨批原意大致如下：

母亲大人：

  收到回信说，您从九月十五日就开始生病了，而且拖了很久，十月廿六日搬到顶市受到照顾。请了王大姑先生来诊治，吃了药后

---

① 晋江市档案局（馆）编《晋江侨批集成与研究》，九州出版社2014年版，第54页。

有效果。我身在异国他乡，不能亲自照顾您，实在是不孝顺。这次痊愈后您也要细心照顾自己。我在外一切平安，母亲您不要为家事烦恼。这次寄去十五大元龙银，收到后给我回话。

金安！

小儿：庄文梯

戊申（1908年）十二月初一日

上文为菲律宾华侨庄文梯寄给晋江青阳下市街母亲的批信。寄信人在知悉母亲"染病许久"后，除了汇去"龙银拾伍大员"外，更是在信中表达了自己深深的牵挂。信中自责道，"儿在山河远隔，不得侍奉母亲大人，不孝至罪也"，再三嘱咐母亲要"小心照顾奉养"，并请母亲放心，自己在外一切平安，切不可为家事多劳心，侍母至孝之心彰显无遗。

又如1932年（壬申年）四月廿五祖树给其妻的信中写道："……祖母年近古稀，如风中残烛，在世日短，为下辈者务须敬奉，以享残年，方可无愧于心……"这里则是嘱咐妻子，要求其赡养、敬奉长者，只有这样，远在海外的游子才能得以宽心。①

4. 沈献修家信

以家庭为中心，基于宗亲血脉关系的宗族观念，也深深根植于海外华侨华人心中。在很多侨批书信中，也充分展现了海外侨胞们对兄弟姐妹、晚辈子弟等宗族宗亲乃至邻里乡亲的牵挂。如诏安县小宅社沈尤三在抗日战争胜利后收到沈献修从马来西亚寄来的侨信。

---

① 张静、黄清海：《从闽南侨批看近代中华文化的跨国传承》，《华侨大学学报》（哲学社会科学版）2015年第1期。

第三章 纸短情长：福建侨批中的家国记忆

龙三哥之旧八月廿日婚来新何、信接悉情商嘉对于你的婚事已定、我十分欣慰、谈之聘礼准八十大元、弟亦觉比不上如尚一颗母姝之债值足见国内人民之贫穷了但向祖父、查女家信蒲店编没性情谢究保其注述、的长辈作何事下信当就有的、结婚日期应未来年之底或明年去筆到你可向保姐、履育最要哼之一以后、僅简不可浪费、最互寓深未微政府任減月羊饭食来成粮此待遇也笑可视以没我家粮食貿此一举尽可接可減粮我之多擔之言草字、

日前等回信可至（言笔分之十五之撕团）

回人部分与信底栽新名寿未之销

批文原意大致如下：

尤三弟弟：

收到邮局的一封信，内容已经阅读过了。知道你的婚事已经确定，我十分欣慰。听说聘礼只需要八十大元，事实上比不过这段时间一头母猪的价格，由此可见国内人民的贫贱。

了解到女方家住在港尾庙后面，姓谢，但到底是谁，她的长辈是做什么的，希望下一次写信来告诉我！

你可以和你姐姐商量看看，婚礼是放在今年年底还是明年春天办，最重要的是要一切从简，不能浪费！最近听说你在政府任职，月薪一担粮食，有这样的待遇，也算不错了。以后我们家的粮食有这一部分帮忙，直接减轻了我的负担，万幸。……收到你的来信催款，不得已先向朋友借了钱。再寄给你们七十五元港银，交给你姐姐，当作你结婚的聘礼。回头再说，祝好。

兄：沈献修

一九三九年九月初七

作为兄长，在得知靠在南洋的父辈乃至自己抚育、资助的弟弟有了工作，并将组建新的家庭，欣慰之情溢于言表。同时对弟弟的结婚对象情况以及婚礼事宜十分关心，在信中亦特别提醒弟弟要多与姐姐商量，一切从简为要，字里行间都体现出深厚的骨肉亲情。

由此可见，海外福建华人把接济国内亲属视为第一重要的责任，且广泛性非常突出，分发的批款从血统亲属到姻亲系列，以至乡邻朋友，而凡有直接或间接关系的，几乎无所不及。

5. 施能杞家信

当然，批款的对象、数额、顺序，一般都是亲疏有别，内外分明，有既定程式及其内在规律。① 典型例证可见晋江籍旅菲华侨施能杞的侨批书信：

> 夹汇票伍佰元，拨交四兄一百元，锥嫂三十元，鸟钗嫂三十元，二嫂拾元，三嫂、四嫂、鸟客嫂、相侄、藩侄、养侄、能修、能从、维荣、颜健、家栋各分壹拾元，悦治嫂、信棕嫂、纯秀、养肇、阿报、圭侄、玖侄、郎刺、淑月女婢、笑仔各五元，孙钧二十元。以上计应分三百五十元，外付法币五元。合共除外，尚余壹百伍拾伍元，嫂可收用于年关。……嫂自己费用外，可主裁酌给邻右贫寒亲众……②

从信中可知，这次的汇款所分配人数多达26人，批信中对每个要接济的对象所分发的数目都详细列明，并将尚余之款交由家中最具权威的兄嫂处理，还交代"可主裁酌给邻右贫寒亲众"。施能杞先生身在海外，却始终不忘接济家族人脉中的每一个人，这也正是海外华侨华人多把家庭、宗族利益看得比个人荣辱还重，且为人乐善好施、舍得给予的体现。

第二节 侨批与辛亥革命

1911年爆发的辛亥革命，推翻了中国2000多年的封建专制制度，揭开了近代中华民族复兴的序幕，使民主、共和的观念深入人心。在这场史无前例的民族民主运动中，海外华侨扮演了极其重要的角色，铸就了华侨革命史的灿烂辉煌。1894年，孙中山在檀香山成立中国第一个

---

① 邓达宏：《福建侨批多元文化价值探略》，《东南学术》2012年第6期。
② 李天锡：《家书抵万金——〈施能杞先生家书〉解读》，《回望闽南侨批——首届闽南侨批研讨会论文集》，华艺出版社2009年版，第118页。

资产阶级革命团体——兴中会,首批成员 20 多人都是华侨,之后发展到 300 多名会员,其中有 200 多人为华侨;此后成立的同盟会在海外设立 4 个支部,武昌起义爆发前,仅新马各埠的同盟会员就达到 3 万多人,成为支援中国革命的重要力量。在革命中,一些华侨华人更是赴汤蹈火,英勇献身。1911 年的广州起义因寡不敌众失败,72 名烈士葬于黄花岗,其中有华侨 29 人。海外华侨是革命经费的基本来源,从兴中会成立到 1912 年南京临时政府成立,仅华侨的捐款就达 700 万至 800 万元。海外华侨的捐献对辛亥革命的胜利起到了关键的作用,孙中山先生也由衷地感叹:"慷慨助饷,多为华侨。"海外华侨始终是辛亥革命最坚定的支持者,无论是革命组织的建立还是革命舆论的传播,无论是对革命事业的经济支援还是对革命武装斗争的参与,海外华侨都发挥了极为重要的作用,孙中山先生盛赞"华侨为革命之母"。

辛亥革命中,在南洋各国从事商业贸易的闽籍华侨,如陈楚楠、陈嘉庚、吴世荣等都成了著名的革命骨干。尤其是在 1911 年武昌起义后的革命高潮中,闽籍华侨在福建光复运动中的积极作用十分突出。2009 年,闽南地区发现了菲律宾华侨黄开物的一批珍贵侨批、侨信和国内信件,时间范围在 1904 年至 1922 年之间,其中的一些侨批、侨信及信件内容涉及菲律宾华侨参与辛亥革命的情况。[1]

菲律宾华侨黄开物,字在毓,福建省泉州府同安县锦宅村人(今属漳州台商投资区角美镇锦宅村),与其兄及侄儿在马尼拉的华人商业区经营恒美布庄,是当地一位"好行义务,为社会中所同钦"的乡绅。后加入菲律宾同盟会,任中国同盟会小吕宋分会机关报《公理报》撰稿人,积极支援辛亥革命。在现已发现的与黄开物有关的数百封往来侨批中,我们可以看出黄开物及其他旅菲华侨们对祖国的关心与热爱。

---

[1] 关于黄开物侨批,可参阅黄清海编《菲华黄开物侨批:世界记忆财富》,福建人民出版社 2016 年版。

第三章　纸短情长：福建侨批中的家国记忆

一、康春景、林书晏批信

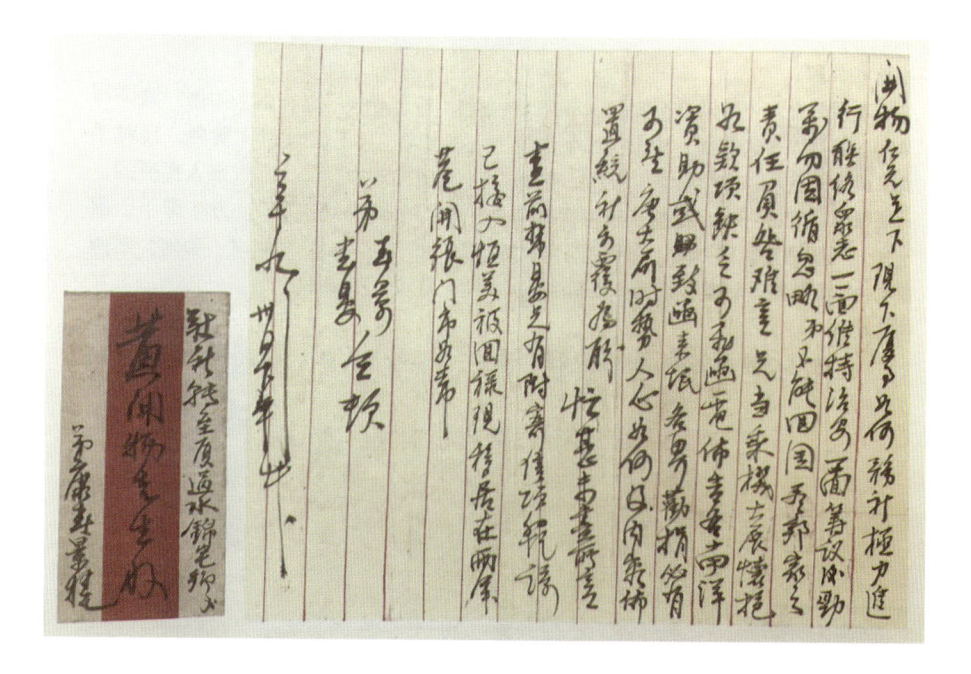

这封侨批大意如下：

开物兄：

　　希望您能及时告知厦门的革命进展情况，并联络众革命志士，千万不能忽略。我对不能回到国内保卫家乡感到十分愧疚。兄长你要乘机大展怀抱，如果出现革命经费不足情况，要秘密来电告知，我会寻求在菲律宾华侨们的鼎力相助，一定有希望。国内的时局人心走向和活动安排，都希望您能告诉我。有些忙，还有很多话没说……

　　之前帮晏兄寄的 50 元，料想已经收到了。恒美布庄火灾后现在已经移到雨伞巷开张，店里一切如常。

弟弟春景、书晏

辛亥（1911 年）九月三十日下午

61

此封由康春景、林书晏寄给黄开物的侨批,也充分体现了海内外的同盟会会员之间为革命所进行的沟通合作,以及相互之间的勉励期盼。其中亦提及资助捐钱等事宜,也让我们看到了当时海外华侨华人对于辛亥革命事业的关注和支持。孙中山曾赞誉"华侨为革命之母",这便是对海外华侨华人在辛亥革命中的历史地位和历史功勋的高度概括和肯定。

二、同盟会会员陈松铨批信

下面这封侨批由华侨同盟会会员陈松铨在辛亥革命期间寄给黄开物。

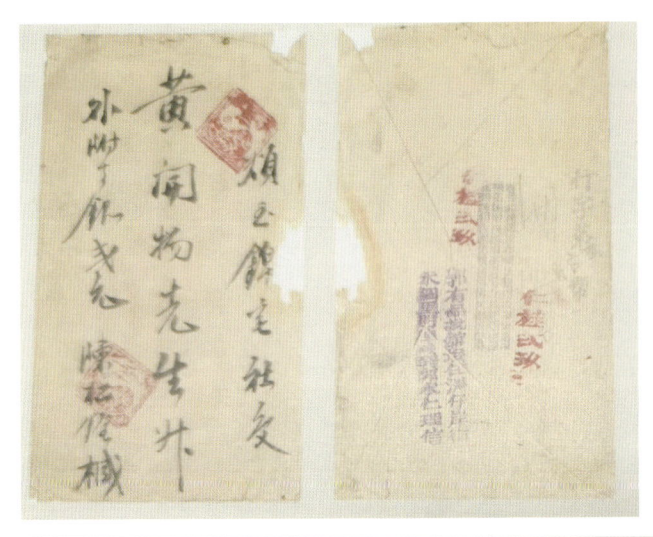

该侨批原意大致如下：

开物同志兄弟：

我们在这里于22、23日演戏共收到3000元外币，做服装和交税等等开支了1200元外币，除此之外共收入1800元外币，加上前天秘密捐款1000元外币，和今天晚上募捐的2000元，打算二月再演2天，这样就可以得到3000元不止，但是再演就不用再做服装等等，或有可能捐到10000元都很难说。外界受到演戏、演说等宣传，大受鼓动，将来如果革命军逐步获得胜利，有可能都会捐到数万元亦未可知。《公理报》对演戏十分感动，之前反对派卢文彩、少清、胡诸群、陈迎来四个人认捐2000元，文彩还承诺，如果本钱一时不能收回，他愿意先支付，下个星期一一定买机器并让报社主笔来马尼拉，大概两三个星期后就能出版。阅书报社和同志会都十分进步，这次演戏是先演说然后祭旗，祭完旗后开始演戏，观看演出的一两千人，看到独立旗出来，都起立鼓掌，高呼万岁之声震动山岳。每天晚上《琛报》及《克毛报》《田禾报》都援人来观看。我们也派人接待，这几天都在报纸上报道，报道称马尼拉的中国人都是革命派，所以一见到独立旗，都十分踊跃。今天的报纸竞相报道，说马尼拉的华侨演戏至今，已给革命军捐款10万，又要支援900多人，社会底层的人也有捐5元的，不由自主地赞叹。中国人的爱国之心十分明显。虽然我们不能捐到这个款项，但是这样报道有益于捐款，一方面做给外国人看，另一方面壮大中国人的声势，十分好。这次的行动必定能够成功，不久以后就可以庆贺独立了。请期待我们这里办事进展，这里只是缺少办事的人，同志中办事的人都很忙，所以没有经常写信。寄上英镑两元，请收下，剩下的后面再申请。此请近安！

信中所说的马尼拉的情况大概就是这样，就不多说了。寄弟弟最近很忙，不能写信，请见谅。军情已翻译，另外夹在里面。

弟弟陈松铨
辛亥（1911年）八月廿七日

应该通知在漳州、厦门的同志，让他们准备作战用品。现在军队虽然胜利，但还是要防范，如果遇到意外，才可以举事响应。兹以台询一则电文在左边：POA 北京攻破，LIP 公认独立（若数字俱打，即是：破北京，各国公认独立）。

这封侨批通过具体描述在马尼拉演现代戏筹款支持革命，再现了当时激动人心的场面，从中可以看到菲律宾华侨支持辛亥革命的热情和行动，经当地进步报纸的报道，起到了推波助澜的作用。其中不仅有菲华的商界名人陈迎来等的大力捐助，也有普通华侨的积极参与，可见当时的菲华各阶层对革命的支持。同盟会会员、闽南华侨林书晏、吴宗明、陈松铨等，在从马尼拉寄给黄开物的侨批、侨信中，如实地反映了普智阁书报社的活动和《公理报》宣传革命思想的情况；以演出革命先烈事迹为题材的戏剧等方式发动华侨踊跃捐助；反映了不同阶层的旅菲闽籍华侨对辛亥革命的支持，其中既有邱允衡、陈迎来等华侨领袖阶层，也有像黄开物等侨商。来往于菲律宾与闽南之间的华侨，在国内联络、组织团练武装，进行起义革命。吴宗明、林书晏等在菲律宾全力宣传革命、为革命募捐资金，并有上千的热血青年奔赴国内参加地方起义，以起义行动推动辛亥革命的进程，还有更多的普通华侨为革命捐出自己的血汗钱。

第三章 纸短情长：福建侨批中的家国记忆

三、同盟会会员林书晏批信

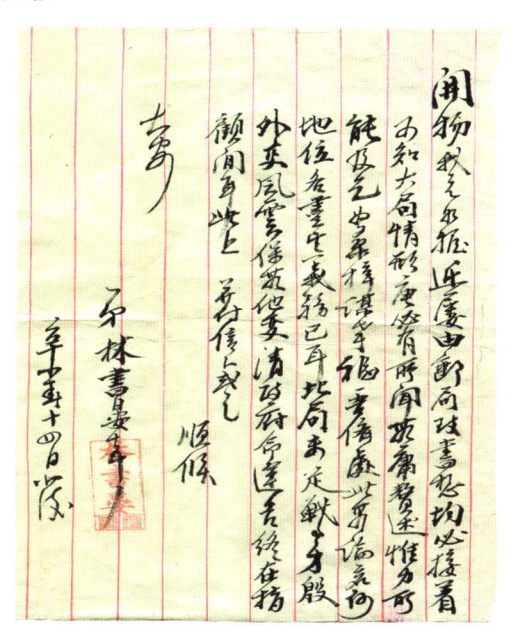

同盟会会员林书晏1911年春写给黄开物的侨批（福建省档案馆藏）

林书晏给黄开物的一封侨批内容如下：

开物兄：

　　最近从邮局寄的信，想必都收到了吧。对于大局形势也一定有所耳闻，这里就不多说了，只希望能够身体力行。希望能为家乡谋幸福。我们都朝着这个方向，无论处于什么地位，只是各自尽义务而已。北方局势还没有定，战事才正浓，外部风云多变，不能保证没有其他变故，清政府的灭亡就在弹指一挥间。付上钱款2元。

　　顺候
大安！

弟林书晏
辛亥（1911年）小春十四日

林书晏,南安溪东人,早年南渡菲律宾。善于经商,经营布店与马尼拉洲仔岸。1911年,林书晏成为菲律宾同盟会的革命机关"普智阅书报社"的发起人。林书晏担任许多社会职务,于1912年发起创办菲律宾同盟会机关报《公理报》。他与黄开物交往频繁,感情深厚。当黄开物回到国内时,林书晏常常从马尼拉寄侨批给他。彼此的书信往来密切,目前发现的林书晏寄给黄开物的侨批至少有20封。在侨批往来中内容涉及辛亥革命进展信息沟通,同时也涉及黄开物经营的布店经营情况。

第三节 侨批与抗日战争

在抗日战争时期,中国人民面临着亡国灭种的空前威胁,海外华侨爆发了强烈的民族意识和爱国意识,纷纷捐钱捐物,甚至回到国内投身保家卫国的民族救亡大潮中。九一八事变后,海外华侨发动了一系列抵制日货的运动,许多侨批用印戳来表现爱国热忱。在抗日战争时期的一些侨批中,有的真实记述了我国侨乡地区遭受日军侵略和全民响应积极抗日史实内容,有些寄往国内的侨批信笺的上面还印有"还我河山""抗战必胜""建国必成""抵制日货,坚持到底。卧薪尝胆,誓雪国耻"等标语,以示支持抗战的决心和相互鼓励坚持抗战的信念。

一、抗日宣传标语信戳

在民族存亡之际,海外华侨华人以其特有的方式加入祖国抗日救国的浪潮中。现在我们还能看到的留有抗日战争印迹的侨批有十几种。20世纪三四十年代,很多侨批笺中印有"航空救国",邮戳盖上"抵制日货""救国公债"等抗日内容,让我们感受到海外华侨和国内侨眷对抗日战争的全力支持,从侧面折射出海外华侨共赴国难、奋起抗日的爱国精神。

第三章 纸短情长：福建侨批中的家国记忆

1. "抵制日货，坚持到底。卧薪尝胆，誓雪国耻"抗日宣传戳

下图①侨批的背面盖有"抵制日货，坚持到底。卧薪尝胆，誓雪国耻"抗日宣传戳，可见菲律宾华侨对抵制日货的决心。该侨批1932年11月21日由马尼拉寄往福建晋江十七八都大仑乡（今属石狮大仑），由马尼拉鸿安信局转驳，印有马尼拉1932年4月2日邮戳。

2. "请购救国公债"宣传戳

在祖国危难时，华侨积极筹集资金支援祖国。1937年8月17日，中华民国政府电告全国发行"救国公债"。"救国公债"得到了海外华侨的积极响应，海外侨胞认购国民政府发行的各类救国公债11亿余元国币，超过战时发行公债总额的三分之一，这些公债战后并没偿还，实际上无异于捐款。

---

① 刘伯孳：《侨批故事：侨批中的抗日例证》，《福建侨报》2017年3月16日。

福建侨批中的家国记忆

国民政府发布的救国公债

  右图为1938年1月14日由菲律宾马尼拉寄泉晋十九都杆头乡的侨批①，寄信款金额写在左边"外付龙银肆大元"，收批人"吴文越先生"，寄批人"岷许克恭"。背面盖1938年1月21日厦门"请购救国公债"中转机盖日戳，信局字号"洪"字，帮号（2979）。

---

① 刘伯孳：《侨批故事：侨批中的抗日例证》，《福建侨报》2017年3月16日。

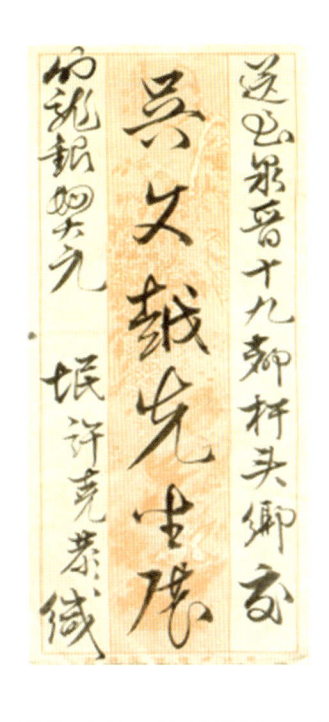

3. "同胞速起！抗日救国！"抗日笺

菲律宾友联印刷所利用行业优势，印制了有战斗机图案和"航空救国笺"中文字样的信笺，赠送给华侨用于书写信函，以此广泛发动侨胞、侨眷捐款或认购"航空救国"债券，支持"航空救国"运动。

该信笺左上角印有漫画，画上一个穿着和服的日本人，手捧一颗硕大的果实，一脸垂涎欲滴的丑态，图旁配有说明文字"人其手矣，就其口矣"，以此讽刺日寇的侵略野心，表达了中国抗战必胜的坚定信心，对于唤醒、发动民众积极参与抗战起到了重要作用。在抗战期间辗转传递的信函上，一句口号、一幅漫画、一个戳印，谱就了一曲曲雄壮有力的抗战交响曲，流淌出华夏儿女同仇敌忾、无坚不摧的民族弦音。①

---

① 洪佳玲：《"烽火连三月 家书抵万金"——福建晋江侨批中的抗战印记》，《中国档案报》2020 年 5 月 8 日。

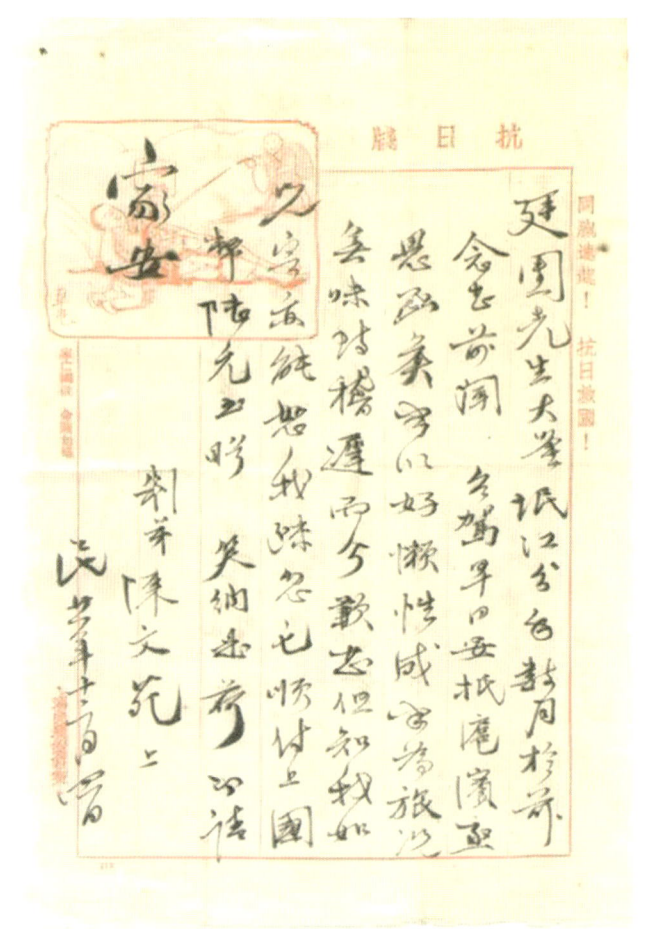

"同胞速起！抗日救国！"抗日笺（晋江市档案馆藏）

二、抗日捐款侨批

根据国民政府财政部统计，1937年至1945年全面抗战期间，华侨捐款总计逾13亿元国币，侨汇达95亿元以上，占当时中国军费43%。有400万侨胞为抗战捐款，占当时侨胞总数的一半。爱国侨领陈嘉庚先生更是不遗余力地在南洋发动华侨捐款捐物，支持国内抗战。来自南洋各地的40多个爱国团体的代表共160多人，宣布成立"南洋华侨筹赈祖国难民总会"，简称"南侨总会"。

第三章　纸短情长：福建侨批中的家国记忆

抗战时期马来西亚雪兰莪华侨玫杏售花团筹赈祖国难民合影

下图为菲律宾华侨康起图1939年写给厦门同安灌口妻子王申妃的一封批信。

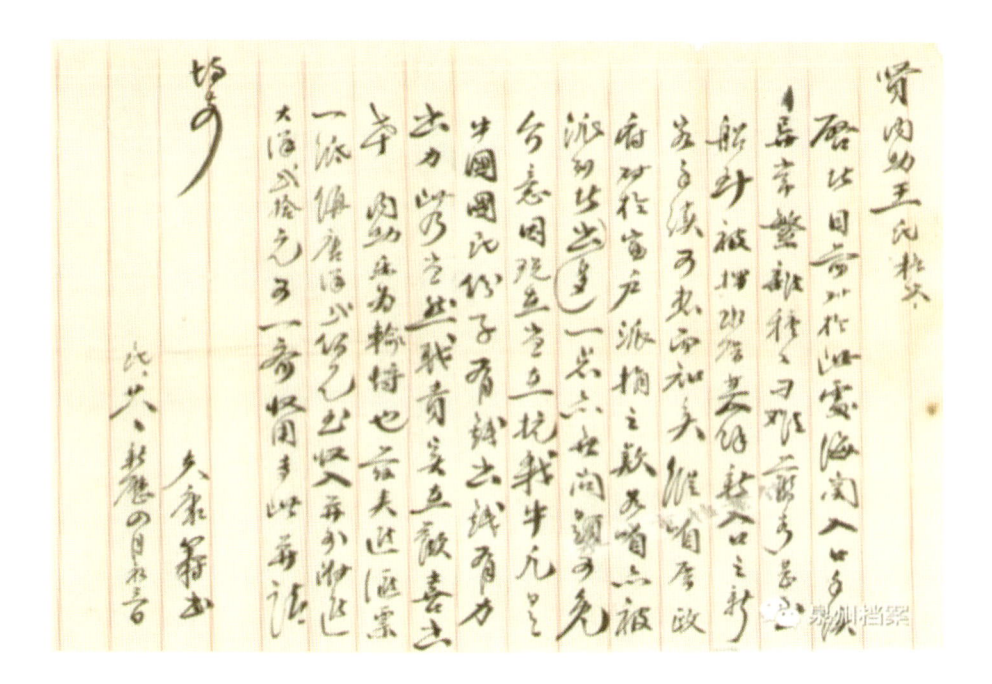

批文原意大致如下：

贤内助王氏：

    目前菲律宾海关入关手续异常繁杂，各种习难，旧移民坐船到港甚至被押到水房，其他新入关的新移民，手续就可想而知了。我们家乡政府对于有钱人家的募捐，如果我们家也有在名单上，多出一点也没有关系，不要介意。因为现在正在抗战中，只要是中国国民分子有钱出钱，有力出力，这是我们的职责，很高兴能够出钱，心里是十分高兴捐款的。里面有汇票一张，备有唐洋（笔者：应是国民政府法币）400元，另外还有大洋400元，可一起收用。

三、回国投身抗日

除了对祖国和家乡人力、物力的关切，也有一些华侨选择了亲自为祖国抗战"出力"。1939年4月，菲律宾马尼拉华侨蔡乌树在寄给福建

第三章　纸短情长：福建侨批中的家国记忆

晋江南门外檀林乡姐姐的侨批①中，就记述了旅菲热血青年"环侄"决心回国参加抗日的义举。

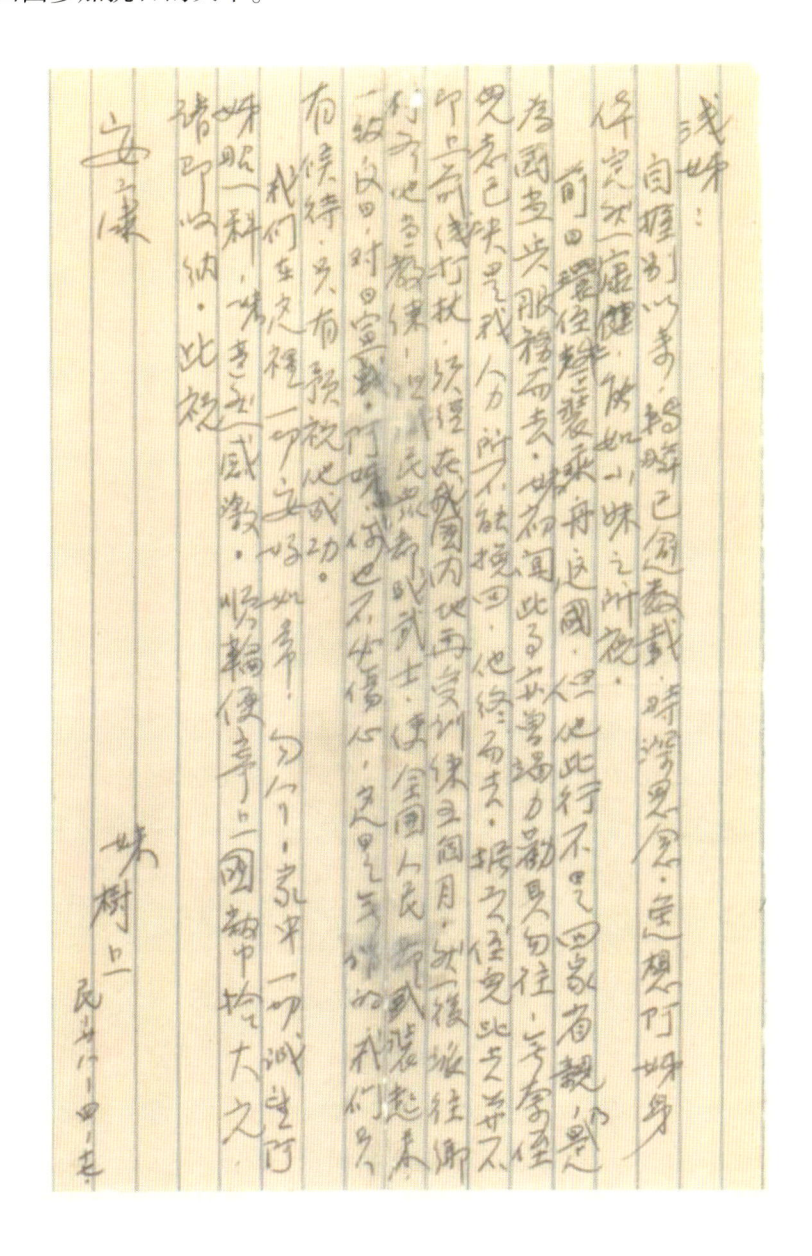

---

① 黄清海、沈建华编著《抗战家书》，福建人民出版社2015年版，第79页。

这封侨批大致意思如下：

浅姐：

自从我们分别以来，一转眼已经几年过去了，我十分想念你。前天，环侄打点好行李已经回国了，但他这次不是回家探望亲人，而是为国当兵去了。我刚听说这件事的时候也曾竭力劝他不要前往，无奈他已下定决心，我无力挽留住他，他最终还是回国了。听说，侄儿这次回去并不会立即上前线打仗，而是要在内地再受五个月的训练，然后派往乡村各地当教练，去组织民众成为武士，让全国人民都武装起来，一起反日，对日宣战。姐姐你不必担心，这个没关系的，我们只有等待，只有预祝他成功。

此祝

安康！

妹树

"侄儿志已决，是我人力所不能挽回，他终而去。"反映出了华侨青年在国难当头时不惜毁家纾难，勇于献身的精神，令人十分动容。

1937年，卢沟桥事变爆发，远在印度尼西亚垅川的华侨黄添培无时不在牵挂祖国安危。在寄给母亲的这封侨批①中，黄添培在问候母亲之后，希望母亲能回信告知家乡抽调壮丁及其相关情况。在"南岛百业冷落"的背景下，对于自己没能多寄钱财以支援祖国抗战的窘境感到遗憾和自责。这种"明知国难当中"却"无余力多寄"的矛盾心态正好真实地反映出其爱国、忧国的赤子情怀。

---

① 邹挺超、郑宗伟：《心系祖国 毁家纾难——抗战时期侨批中的家国情怀》，《中国档案报》2020年9月4日。福建省档案馆藏。

第三章　纸短情长：福建侨批中的家国记忆

这封侨批大致意思如下：

母亲：

  时间流逝很快，离别已有很多年，年关将近，我每每面对美好的时光和景物，都十分思念家乡。想到这段时间母亲身体健康，很是欢喜。最近听说我们地方在抽调壮丁去保卫国土，这些壮丁训练得怎么样了？希望可以告诉我。我很清楚现在国难当头，经常都要交税饷，我恨自己没有能力多寄银两到家中，但我想母亲您一定能体谅我。现在我所在的印度尼西亚各个行业都很萧条，实在很难谋取生计。希望母亲不用太过思念儿子，如果哪一天有人从这边返回乡里，我一定寄两张我的照片。现在冬天快来了，多是风雨天气，希望母亲自己珍重身体，不要让远方的我担心。我在外面身体都好，不要担心。这次寄去两大元，请查收。

儿黄添培

1937年11月14日

第四节　侨批与侨乡建设

闽籍海外华侨热衷参与侨乡地方公共事务，对福建侨乡建设起了重要作用。据不完全统计，1870—1900 年，经由厦门进入闽南侨乡的侨汇，每年有 600 万—700 万元。移居东南亚的闽籍华侨还投资经营轮船航运业，以及在厦门、泉州等地开设商行，经营茶叶、棉布等物品的进出口①；此外，闽籍华侨还在侨乡捐资兴办各种公益事业，创办学校、建立医院、修桥铺路等，这也在一定程度上反映了国内侨乡的社会变迁，是海外华侨华人在自我发展的背景基础上直接作用于侨乡发展的体现。

一、捐资助学

早年间过番奋斗的老一辈华侨不仅对自家子孙的教育尤为重视，有余力者，也积极在家乡兴办学校，殷切地希望后代能接受良好文化。在旅菲华侨黄开物众多的侨批中，我们也可发掘出华侨们对捐资在家乡办学的极高热情。

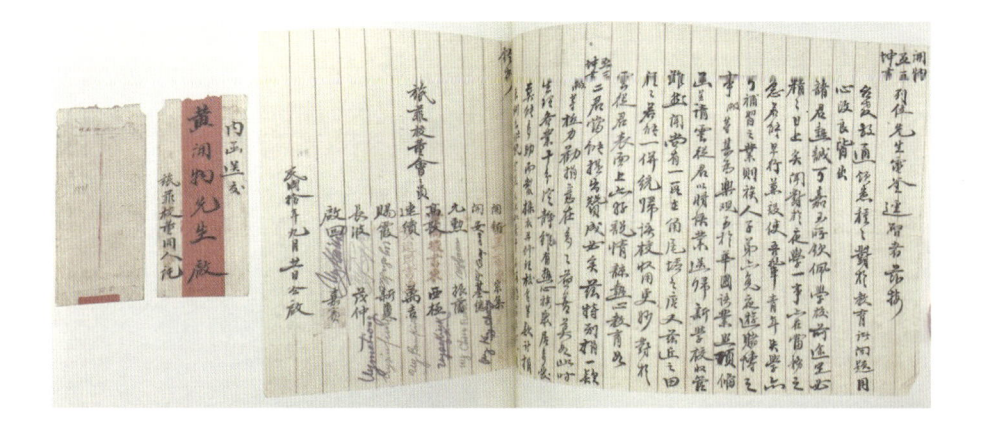

---

① 戴一峰：《闽南华侨与近代厦门城市经济的发展》，《华侨华人历史研究》1995 年第 2 期。

这封侨批①的大致意思是：

开物、丕三、坤书：

  你们三位用心对教育各种问题进行改良，热诚值得嘉奖，我们十分钦佩。学校未来一定会越来越好。办"夜学"这件事是当务之急，如果能够早点设置，让过去没有机会上学的青年也可以再学习，那么我们族的子弟们也不会晚上跑去玩乐赌博。我们对此充满希望。这次我们极力宣传让大家对此捐款，多多益善。谁知道，这段时间各行业不景气，虽然热心的族人很多，但却无能为力多捐款。针对制作练操衣服和修理校舍，一共筹得捐款427元彬银，折算成厦银不知道是多少。另外也寄了汇票，上面有详细说明。附上月捐单一张、特别捐单一张，请注意查收。

20 世纪 20 年代，黄开物在家乡主持兴办了锦宅华侨公立小学校，由其族亲在马尼拉组成校董会筹集办学经费。从此封侨批可以看出，这些华侨校董们在创办小学的基础上，创新性地提出开设"夜学"，这将使"族人子弟亦免夜游赌博之"，以此为契机来促进风气变革，改变家乡风貌。

二、建立医院

下图为黄清涟从新加坡寄给福建省南安县诗山侨联首届副主席黄昌炽的侨批。②

批文中谈到南桥医院手术室的建设所需资金以及华侨的捐款情况，还谈到"此医院手术室，若能成功，诗、淘、码（指南安市诗山、金

---

① 黄清海编《菲华黄开物侨批：世界记忆财富》，福建人民出版社 2016 年版，第 166—167 页。

② 图片来源：《福建南安诗山侨联会历史之南侨医院筹款》。

淘、码头三镇）并安、南、永（指泉州安溪、南安、永春三县），有十五万患病者，家受其惠"，如果这次医院手术室能建成，华侨捐资受益人口多、范围广泛。

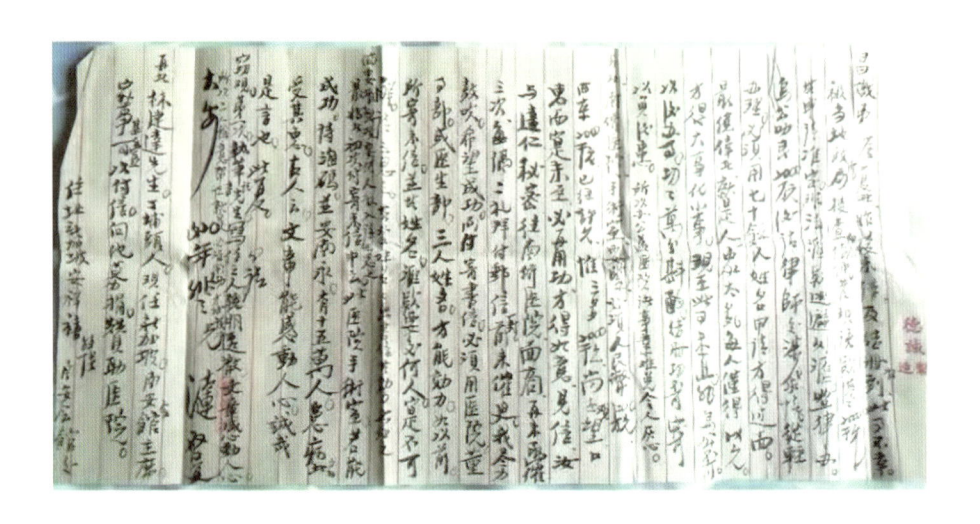

三、实业兴国

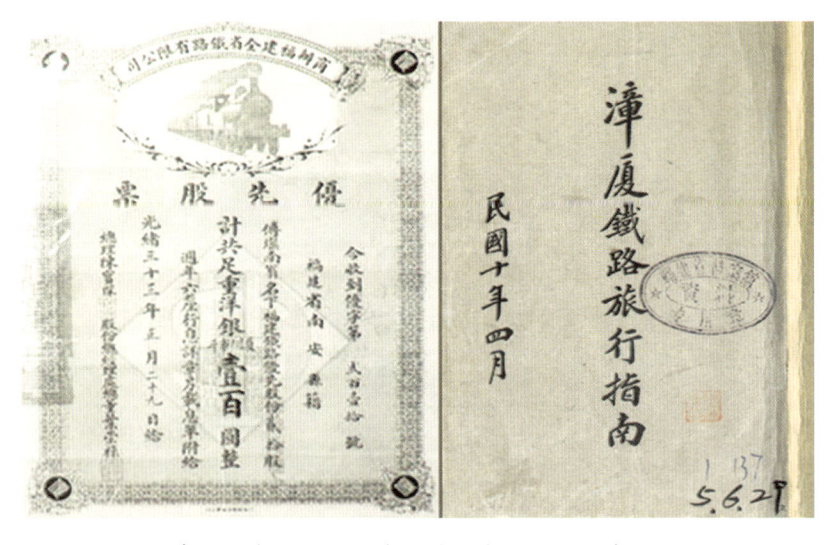

闽籍华侨积极参与集资修筑的福建省第一条铁路——漳厦铁路，于1910年5月竣工试运行。图为商办福建全省铁路有限公司优先股票和漳厦铁路旅行指南。（福建省档案馆藏）

第三章 纸短情长：福建侨批中的家国记忆

1881年，陈清机出生于安海镇的一个普通平民家庭。少年时因家贫而失学，由姑父资助，在家乡安海开"鸿泰号"干果店。后东渡日本侨居神户经商。陈清机在日本经商的同时与人创设建东兴行，经营棉织品和杂货。其时，身在异国他乡的陈清机看到日本工业和交通发达，有力地促进了国家的富强，使他深受启发。怀着实业救国的雄心壮志，回国后，陈清机在家乡安海成立闽南泉安民办汽车路股份有限公司。首创以土地入股的方式，得到公路经过的沿途各乡村农民的理解和支持。

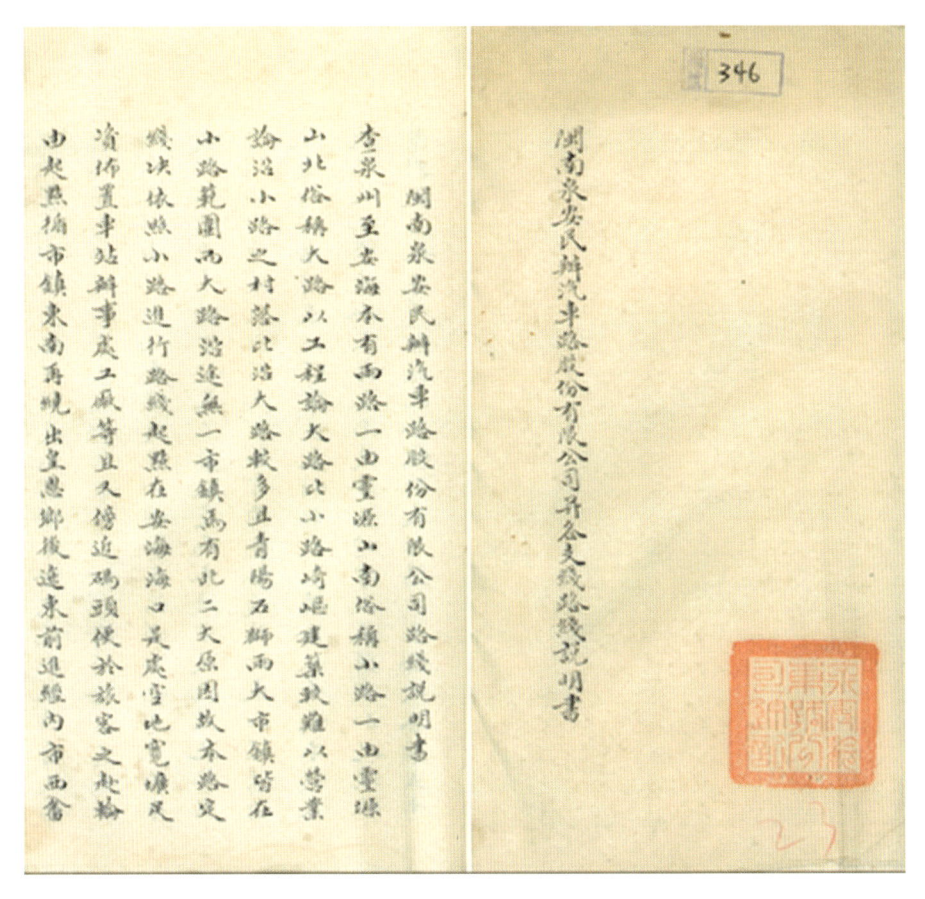

1919年，旅日华侨陈清机创办福建省第一家侨办汽车公司——闽南泉安民办汽车路股份有限公司。图为闽南泉安民办汽车路股份有限公司并各支线路线说明书。（福建省档案馆藏）

1922年6月1日,全省第一条民办公路——安海至泉州公路28公里全线通车。此后的短短几年间,泉安公司又创建了青阳至石狮、安海至东石、石狮至浦内、安海至八尺岭、灵水至石狮、瑶琼至双沟、水头至小盈岭,以及泉州至后渚等多条公路,通车总里程达到116公里,并在安海港口及东石港口建设码头,实现公路海运联运,对泉州各地的经济发展起到了巨大的推动作用。此后,他还发动华侨投资安海电灯公司,承顶泉州电气公司等。

第四章　文化绵长：侨批的历史文化价值

第一节　侨批筑造红砖古厝"番仔楼"

早期华侨先辈背井离乡，过番谋生，艰苦拼搏、克勤克俭，用血汗换来银钱几许。一旦生计有了着落，他们便将款物附带上叮咛嘱咐和海外见闻以侨批方式托带给守候在家乡的亲人。这些汇款首先是维系长辈妻儿日常生存生活的开销，尚有较多盈余的华侨家庭便开始兴建宅院。除了起传统官式大厝外，一种融合了多元文化特色的独特民居建筑开始在闽南大地上矗立而起。它就是闽南建筑的璀璨瑰宝——番仔楼。

一、"中骨西皮"的番仔楼

番仔楼，亦称番客楼、楼仔厝，为闽南一带对带有南洋特色民居的别称，多由清末到中华人民共和国成立前后的南洋华侨所建。在闽南语境中，"番"通常泛指海外，且特指南洋，即东南亚地区。闽南人将南洋称作"番爿"，将出洋到海外称作"过番"，而从海外回来的侨胞则被叫作"番客"，洋人叫作"番仔"。番仔楼故此得名。不同于岭南地区追求集中式的房屋群落形式，闽南的番仔楼多是单体式建筑。它以闽南传统红砖大厝为蓝本，融合了欧洲住宅与热带建筑特色的所谓"殖民地外廊样式"，形成了一种表犹洋里为中的"混搭"建筑形态。这种中西合璧的建筑特色正是八闽多元文化打下的深刻烙印，凸显出鲜明的个性和兼容并蓄的特点。

晋江梧林番仔楼（李慧芬摄）

（一）建筑空间的博采众长

近代闽南华侨建筑经历了由传统古厝到局部洋楼化的变迁过程。这种循序渐进的模式使得番仔楼保有了传统民居里中轴对称布局的空间形制，又实现了在立面形式上的洋化和竖向空间上的楼化。[1] 番仔楼的空间样态可谓是"中骨西皮"。

1. 传统营建的坚守

在近代洋化过程中，闽南民居传统营建制度的根基并未被完全动摇，在平面布局和位置选择上仍然坚持了一定的礼制要求和风水规则。中国传统建筑的平面布局讲究整齐对称，有明显的中轴线，以宽敞明亮的厅堂作为整座建筑的核心，在中轴线两侧再规整分布其他功能房间，

---

[1] 唐孝祥、吴思慧：《试析闽南侨乡建筑的文化地域性格》，《南方建筑》2012年第1期。

其中又以"四房一厅"格局最为普遍，即中为厅堂、后轩，两侧为四间房，房间门朝向厅堂，体现了中国中庸和谐、尊祖敬神、重伦守礼的传统意识。① 在选择建造房屋的位置上也十分重视与当地自然环境的协调，并强调要综合考虑地形、风向、水文和地质等因素营造建筑，是"天人合一"观念在建筑领域的实践。传统古厝是番仔楼空间演变的基础和原型。

2. 外廊空间的引进

尽管番仔楼在根本上没有逃离"以宽敞明亮厅堂作为平面布局的核心"的精神需求，但一直在空间肌理上追求变化，由"内向围合"走向了"外向开敞"。殖民地样式的外廊是最显著的特征。闽南属亚热带季风气候，全年雨量充沛，年降水量在1000毫米以上。温暖湿润的气候，使闽南人特别喜欢与外界接触，与此同时，多雨与强光，又和闽南人喜好外出的天性自相矛盾，而外廊所创造的"灰空间"恰恰弥补了这种缺陷，提供了大量可以遮阳避雨，又能感受室外自然环境的场所。② 部分传统民居的天井逐渐被外廊取代，成为人们日常生活的主要休闲场所。外部气候条件和居民生活习性，使得外廊式成为观察传统古厝变化的参照对象。

3. 竖向楼化的延伸

闽南传统官式大厝主要为合院式布局，以单层建筑围合成院落，并向纵横方向平铺扩展。番仔楼则实现立面竖向的楼化，由单层变成二层或多层，建筑体量上接近于正方体。与此同时，楼梯的设置成为番仔楼的另一设计重点。从梯段形式看，主要以直跑楼梯、双跑楼梯为主。楼梯一般与主体空间的对称布局相一致，大多选择在不影响厅堂等主要用

---

① 张杰、夏圣雪：《从古厝走向番仔楼的艺术形态演变的文化解析——以晋江市福全历史文化名村为例》，《设计艺术研究》2013年第2期。

② 杨思声：《近代外廊式建筑在闽南侨乡大量形成的原因分析》，《中国近代建筑研究与保护（六）》，清华大学出版社2008年版，第609页。

房使用功能的位置，且多隐藏在不显眼的地方。顶落部分的后轩、巷廊两侧，以及榉头间都是楼梯可能设置的主要位置，另外，两侧及后部的外廊上也经常设计有楼梯。① 内部楼化使得房屋的立体空间层次更为丰富。

4. 广开窗户的突破

早期因考虑防卫等因素，大多数传统民居往往不肯多开窗，即使有，开窗洞口也十分窄小，常导致室内阳光不足，空气流通差，形成了"光厅暗房"的局面。随着教育的普及和卫生意识的增强，很多洋楼开始有了较大的窗户，甚至每一层都带有窗，有的还是联排组合窗。窗户既有传统样式，也有西洋样式。传统样式的窗框由条石围成，内为木质玻璃窗、木百叶窗或木板窗，在石质框窗上无窗楣或有帽子形、三角形、弧线形的窗楣；西洋样式的窗户一般为长方形，砖砌的窗户突出于窗外，水泥外敷红砖进行造型，多以线脚常见。② 相对于传统建筑来讲，番仔楼针对通风问题做出了很大改进，住宅的室内采光和通风条件有了大大改善。

(二) 建筑技艺的交流互鉴

建筑形象的构成离不开建筑技术的应用和建筑艺术的支持。意大利建筑师奈尔维就曾说过，"建筑必须是一个技术与艺术的集合体，而并非技术加艺术"。番仔楼便是中西方建筑技艺有机结合的直观例证。它在建筑材料上的广泛涉猎，在建筑技术上的大胆尝试，以及在建筑装饰上的包罗万象，塑造了番仔楼"亦土亦洋"的典型个性。

1. 建筑材料的广泛涉猎

闽南盛产富含铝硅酸盐与铁等金属离子的黄、红土壤，在高温密闭

---

① 张杰、夏圣雪：《从古厝走向番仔楼的艺术形态演变的文化解析——以晋江市福全历史文化名村为例》，《设计艺术研究》2013年第2期。

② 唐秋桂：《闽南地区中西融合的传统建筑——番仔楼》，《文物鉴定与鉴赏》2021年第10期。

条件下进行烧制，容易生成三氧化二铁，使得砖块呈现红色，因此当地红砖资源十分丰富，且在传统文化中，红色往往象征喜庆、兴旺、吉祥，当地人对红色情有独钟，这让红砖被广泛应用在闽南建筑之中，番仔楼也不例外。同样，以花岗岩为主的石材资源丰富，也成了番仔楼台基、柱梁、门框、裙墙等的主要用料。就地取材，是为节约建筑成本的最佳选择。番仔楼建筑材料的一部分还源于由域外引进的钢筋、水泥、瓷砖、玻璃等的合理使用，或是以地方性的材料替代并与新材料进行结合，如用碎花岗岩、海砂、碎红砖、贝壳等代替碎石与水泥合成混凝土，或者用牡蛎壳灰替代洋灰，以杉木一类的木料代替钢梁。①

2. 建筑技术的大胆尝试

根据应用技术的不同，番仔楼大体可分为两类：一类是仍然采用传统木结构营造技艺并饰以闽南红砖；另一类是在20世纪初开始采用钢筋混凝土和水泥来做立面。个别也有因钢筋混凝土技术造价昂贵，仅在外廊梁板上用到钢筋混凝土，其他部分仍使用砖木石材料。值得一提的，还有供水和排水系统的改良。以漳州台商投资区角美镇东美村曾氏番仔楼为例，这座大厝石板通道下面设有三纵三横的排水沟，无论在哪个地方掉落一个小球，下雨天或大水一冲，都可以在家庙前的月池里找到。池水通过一座水闸，还可以和外面的河道相连，通向九龙江。后花园东侧置有风力抽水机房，木风轮带动机器把水提上楼顶水塔，再通过管道，通向各座建筑。百年前农村能有如此通达的排水系统和自来水设施，可谓凤毛麟角。②

3. 建筑装饰的包罗万象

不同于企图探索权威、追求严谨永恒的中国大城市近代官式建筑，

---

① 张杰、夏圣雪：《从古厝走向番仔楼的艺术形态演变的文化解析——以晋江市福全历史文化名村为例》，《设计艺术研究》2013年第2期。

② 陈福升：《漳州台商投资区百年"番仔楼"讲述华侨出洋奋斗史》，中国网视窗。

番仔楼在营建过程中往往拒绝被程式化的制度所束缚，转而走向各种各样装饰的灵活结合，追求时尚和流行。南洋彩色地砖、马约利卡瓷砖、欧洲古典山花等都是近代受外来文化影响而应用的新饰物，其用色之大胆、形式之新颖，为番仔楼注入别样生机。但附着于番仔楼上的各类装饰并未完全摒弃传统特色，很多的房屋柱梁装饰仍保留了鱼雁金猴、中国古代人物、吉祥符号等多种跟中国传统民间故事有关的浮雕。还有一些中西合璧的装饰，如在南安霞美陈氏民居中，其窗框上方正中间雕刻着中国传统戏剧人物造像，而造像左右两边又各雕刻了一只西方基督教里的飞天小天使。中方与西方文化的巧妙结合，非但没有违和感，反而在中国文化的传统意蕴上找到了契合，西方小天使与中方传统戏剧人物的有机结合，寄予了主人希望家庭和睦、吉祥如意的美好愿望。①

二、番仔楼的文化品格

建筑作为一种文化符号，是人类文明长河中产生的一大物质内容，也是具有地域文化特色的亮丽风景。番仔楼是闽南建筑文化的重要组成部分，是闽南多元文化的必然产物，彰显着独特的文化品格。

（一）地域文化的塑造

远在新石器时代，闽人先辈就在福建地区繁衍生息，从事渔猎、制陶、造船等活动。公元前306年，楚灭越，部分越国工族率族人入闽，越王勾践的后裔无诸自立为王，建立闽越国。此后，闽、越文化发生了碰撞、交流，逐步形成闽越文化。此时闽南尚属原始文化状态，具有不成熟的海洋文明特征。西晋末年，战争导致"衣冠南渡"，带来了中原文化的第一次南迁。而后唐初"陈政入漳"、唐末农民大起义以及北宋南迁，使得福建地方人口骤增。中原汉文化逐渐统一了闽越文化，成为闽南文化主体，并长期影响着闽南地区的生产生活。而开始于唐五代、

---

① 陈静茹：《浅谈外来文化影响下的华侨建筑装饰特点——以近代泉州传统式建筑为例》，《安徽文学》2016年第2期。

鼎盛于宋元时期的海交贸易，以及随着大量的闽人越洋后回归故里，也为闽南输入了来自阿拉伯、南洋等地形态各异的文化，极大地丰富了闽南地域文化的内容。

经由古越族经营开发、受中原多次大规模南迁洗礼以及昌盛海外商贸和华侨社会影响的闽南文化，其融合性和多元性在番仔楼这一建筑形式上得到了充分印证，反之，具有传统大厝的平面设计与西洋式的建筑造型及其相关装饰细部的番仔楼中的每一处无不体现着以闽南精神为核心的闽海文化[1]：（1）开拓冒险的文化基因。沿袭闽越土著文化特征，跟随海洋文明的足迹，闽南人自古就极具开拓冒险精神，为了向海洋发展甘冒任何风险，不惧惊涛骇浪，更敢在海禁森严时期出海，从而在建筑营造上表现出更多非正统、非规范的文化性格。[2]（2）尊礼重道的文化底蕴。中原文化强调儒家礼教思想和家族意识，即祖根性与族群性，在中原文化主导下，番仔楼在场所空间中仍然保留着中原文化特色的场所空间，如厅堂的祭祀空间。（3）多元包容的文化姿态。海外商贸的发达和华侨社会的发展使得各种文化在闽南地区发生美妙碰

晋江梧林番仔楼（李慧芬摄）

---

[1] 戴志坚、李绰：《闽海系文化探源》，《建筑与文化论集》第5卷，湖北科学技术出版社2002年版，第277—281页。

[2] 唐孝祥、吴思慧：《试析闽南侨乡建筑的文化地域性格》，《南方建筑》2012年第1期。

撞并落地生根，又因闽南地区地处边陲，长期脱离国家政权中心，番仔楼也走上了"择善而从，融会中西"的道路。

(二) 桑梓情结的牵绊

现代新儒家代表唐君毅曾把孤悬海外的华裔看作是"中华民族文化之树的花果飘零"，这一形象的比喻正是千万海外华裔的真实状态写照。早期移民漂洋过海，旅途艰险，不仅要担心官军稽查和海盗行劫，还要随时防范船只倾覆危险。千辛万苦登陆后，也依然要面临凶险的环境，一方面是当地自然环境的适应问题；另一方面出洋华工总是受到当地各种势力的多重压迫，殖民者迫害、屠杀华人事件时有发生，土著政权也持续施行排华、限华的政策，一旦政局出现动荡，华人更是成为各种政治势力发泄不满的对象。① 在空间上与祖国的疏离、文化差异和排华政策造成的异域难融，使海外侨胞们对家乡有了更深的眷恋和依赖。这是过番侨民回乡建屋的外在推力。

古语有道："富贵不归故乡，如衣锦夜行。"社会学家陈达在他的《南洋华侨与闽粤社会》一书中，对华侨富裕者乐于兴建新宅作了生动描述："华侨的光景富裕者，往往以归故乡为荣。炫耀乡里最直接了当的方法，是住屋的建筑。……因为房屋是'人人看得见的'，所以亲友与邻居都可以发生羡慕之心，房主可以借此表示在南洋发财的虚荣。因为房屋是'拿不动的'，所以在治安有问题的区域，他种投资有较大的危险性而房产是比较安稳的。……闽南与粤东，在有些乡村旅行时，遇见新屋大厦，或'洋楼'较多的，一望而知为华侨社区无疑。"② 费孝通老先生曾这样评价："从基层上看去，中国社会是乡土性的。"③ "乡土社会是安土重迁的"④，中国古代农业文明孕育了安土重迁的乡土观

---

① 刘平：《下南洋：晚清海外移民的辛酸历程》，《传承》2010 年第 31 期。
② 陈达：《南洋华侨与闽粤社会》，商务印书馆 2011 年版，第 122—124 页。
③ 费孝通：《乡土中国·生育制度》，北京大学出版社 1998 年版，第 6 页。
④ 同上书，第 50 页。

念，而血缘与地缘凝成的"人缘"则是安土重迁乡土观念存续的原因之一。① 孔飞力在《他者中的华人：中国近现代移民史》也对"安土重迁"做出新的解读：它并不意味着固守乡土，而是表现为即便远离家乡千万里，也仍然保持着与故乡故土从情感到物质的关联，无论是长久性地移居他乡，或是季节性地往返流动，迁移者背负的往往是家庭乃至家族的振兴期待，他们的"家"始终扎根在那片生于斯、长于斯的土地上。出洋谋生的华侨先辈亦是如此。安土重迁的传统价值使得心系"摇篮血迹"的华侨更强调衣锦还乡、落叶归根，这是驱使他们归乡建大宅的内在拉力。番仔楼正是这份浓烈桑梓情结的具体体现。

三、侨批与番仔楼的双向交流

作为近代侨乡重要建筑形式的番仔楼，以其中西合璧的建筑特色以及多元丰富的文化品格，承载着闽南几代华侨华人的记忆与希望，是闽南文化的鲜活标本。而联结起华侨华人与番仔楼的重要媒介，当属世界记忆遗产——侨批。申言之，番仔楼是侨批中点滴汇款的主要归宿，是侨批中封封家书的殷殷寄托。

通过对史料的解读，我们可以发现，大量的侨汇首先是作为侨眷的生活费用，其次是用于住宅建设。侨批的汇款功能为番仔楼的建造提供了雄厚的资金支持。更进一步说，因为侨汇持续不断地输入，古村落经济日益繁荣，逐渐形成了一种高度依赖海外侨汇的消费型社会，并使侨汇经济在村落中的影响日益凸显。经济上的对外依赖，必然影响古村落内传统审美取向的变异，而这一变异为风格迥异的番仔楼的兴起与发展创造了条件。② 同时，借助侨批的书信功能，在外的侨胞们可以不断地将海外新颖的建筑形态和生活方式传递回家乡，也可以在房屋建造时实

---

① 田欣、赵建坤：《安土重迁观念的产生及其变化》，《河北师范大学学报》（哲学社会科学版）2005 年第 3 期。

② 张杰、夏圣雪：《从古厝走向番仔楼的艺术形态演变的文化解析——以晋江市福全历史文化名村为例》，《设计艺术研究》2013 年第 2 期。

现和侨眷及工人之间关于设计与建造细节的沟通交流，而不再受限于地域的阻隔。

如星斗般散落在闽南大地上的番仔楼，也在为侨批记忆贡献着其作为建筑的场所空间作用。一方面，过去的侨批馆很多都是采用番仔楼的建筑形态，如位于晋江新塘街道梧林社区北边的侨批馆，便是一座建于1938年的法国哥特式建筑风格的番仔楼，现如今已成为"文旅地标"。另一方面，在乡村振兴背景下，有些番仔楼被开发为当地乡村旅游的优势资源，摇身变成了展示侨批记忆的博物馆。如泉州台商投资区东园镇龙苍村的"乡愁记忆馆"，它的"侨史馆"就对贡献突出的老一辈华侨建档立册，并展示各个时期的侨批，以此铭记华侨们对家乡的贡献。

穿梭于闽南城乡之间，带着一封封的侨批记忆，观赏着一座座番仔楼，这些皆是历史的见证，向世人述说着闽南"侨"故事，丰富多彩，百读不厌。

第二节　过番歌唱不尽侨批情

漂洋过海、离乡背井在海外谋生的华侨，一去就是三五年、七八年才能回家乡一次，有的甚至一辈子也没法回来，最终客死他乡。海外华人为了让家里人放心，让亲人对未来充满希望，很少会诉说在外谋生的艰辛。所以那个时代的批信有一个特点，就是报喜不报忧，这类"常批"俗称"平安批"。平安批常常在开头或结尾写上"蒙神天庇佑，内外平安""在外平安，祈为珍重""幸得内外平安，喜之胜也""祈望诸事合想、两地平安"等祝颂词，祈祷平安发财。这种平安批，是"过番者"的一种风俗，报平安的同时，也给家里寄2元或4元。有的"新番"上岸，一时未找到工作，这头一封平安批的银项，往往是向亲友先支借或向当地批局申请先垫付的。最简洁的平安批只有"人在，银二"四字附言。

第四章 文化绵长：侨批的历史文化价值

蹈海谋生的华侨先民们不愿让家人们担心他们的安危，但现实中辞别乡亲、谋生受挫、思念家人的艰辛苦闷又能向谁诉说？海水一浪一浪地翻滚，故乡在泪花里渐渐模糊，异乡漂泊的孤独感奔涌袭来，他们只能用歌谣来抒发寄托心中的情怀。这种用方言传唱记叙移民故事的歌谣就是"过番歌"。它不仅是近代侨胞、侨眷们抒发内心情感的重要渠道，更为我们封存住了那段漫长而艰辛的中国海外移民血泪史。在过番歌中也时常可见侨批的内容，它们相互印证，为我们娓娓道来"近代中国的移民故事"，是珍贵的移民文献资料。

一、"泥巴史记"——过番歌

目前所知最早的文字版本过番歌，是清末时期厦门会文堂的刻印本，上面写着"南安江湖客辑"，"辑"就是收集整理编辑的意思，因而过番歌的形成和传唱过程显然是远早于这个时间的。

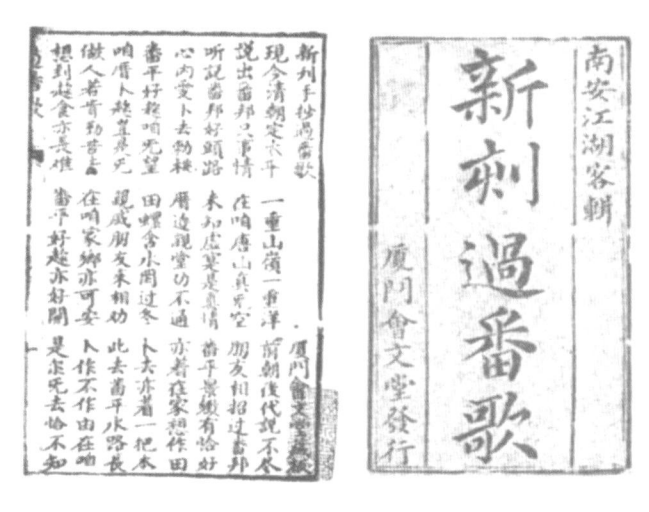

厦门会文堂《新刻过番歌》

因本书主要落脚于福建近代的移民历史，故本节重点是以广义上的福建过番歌为叙说对象，下文谈及的过番歌也将特指福建过番歌，在此做专门说明。2018年刘登翰先生将其多年经由田野调查而潜心搜集到的相关资料荟萃成40多万字的著作《过番歌文献资料辑注》（福建卷），该书为我们提供了十分详尽且系统的福建民系过番歌资料。通过本书，我们得以更清晰地把握住过番歌的形式特点和主题内容。本篇中所摘录的过番歌内容，均来自刘登翰先生的《过番歌文献资料辑注》（福建卷）①，在此说明并致敬。

（一）广义和狭义的过番歌

广义上的"过番歌"，即与过番有关的歌谣，是指在中国侨乡或境外华人社区流传的以海外谋生为主题的民间歌谣或长篇说唱。按照流传的方言区不同，有福建过番歌、客家过番歌、潮汕过番歌和广府过番歌等。每一类过番歌在主题和形式上既有共通处，又各有差异和侧重。狭义的"过番歌"专指用《过番歌》直接命名的民间歌谣，通常为长篇说唱，记叙侨民们为环境所迫，辞乡别亲、异国谋生到屡受挫折而返回家乡的艰难过程。

（二）福建过番歌的特征

福建过番歌，语言上，以闽南方言和福州方言为主，也有少数如寿宁方言等；篇幅上，既有三两行的短篇歌谣，也有达700多行的长篇说唱；表现手法上，赋、比、兴修辞方式杂糅运用，情感表达丰富；体裁上，或三言，或四言，或五言、六言、七言、九言，乃至杂言，随情绪发展变化，追求淋漓尽致；②题材上，既有刘过番谋生重重困难的述说，也有思念家乡亲人的描写，还有对留守女人哀怨期盼情感的表述等，兼具叙事和抒情功能。

（三）过番歌中的民间记忆

以民间说唱方式保留下来的过番歌是一部朴素而真切的"泥巴史记"，它与同具有文献史料功能的侨批一起，构筑起了19世纪以来极具情感温度和文本价值的中国海外移民的民间记忆。以《下西番》为例，

---

① 刘登翰等编著《过番歌文献资料辑注》（福建卷），鹭江出版社2018年版。
② 刘登翰：《过番歌：中国海外移民的民间记忆》，《华文文学》2020年第5期。

它长达567行，是一部关于出洋至美洲的长篇说唱。它唱述的是清末年间闽人像"猪仔"一样被贩卖到美洲做"契约移民"的事件。作为研究移民的史料，《下西番》实属难得。

首先，通常我们看到的过番歌，大多是描述从闽南各地或福州十邑前往南洋的过番谋生经历，而这首过番歌提到的移民出发地是闽东北大山中的寿宁县，移民目的地是太平洋彼岸的美洲。

其次，这首长篇说唱演唱和记录的方言，既非闽南话，也不是福州话，而是更加陌生的寿宁方言。

第三，通常所见过番歌中的主角——前往南洋的过番客，大多属于自由移民，到了异邦遇到困难曲折，或留或归，尚有选择的自由，而这首歌谣表现的是被称为"卖猪仔"的契约移民，因生计无奈而被迫与雇主签订契约的过番者，被骗至遥远异邦充当苦力，仿如奴隶，除了卖命，没有丝毫择业和去留的人身自由。[①]《下西番》提供了我们常见的过番的另一种类型，同其他过番歌一起，为我们提供了一份中国人在全球各地的屈辱生存经验。

二、过番歌中的侨批内容

翻阅《过番歌文献资料辑注》（福建卷）一书，不难发现，像"批""信""书信""钱"这样的字词在过番歌中屡见不鲜。对百来篇的过番歌作一个粗略统计，单单是与"侨批"有关的句子就有三十几处。既有体现番客在外辛苦挣钱的责任担当，故有"批信不敢寄，心头挂石枋"的辛酸；也有体现留守家园亲人们对侨批的切切期盼，故有"我夫过番无信返，眼泪流落一行行"的无奈。由此可见，"侨批"对于侨胞、侨眷来说，是一个十分重要的生活主题。通过对歌谣内容的释义，我们可以对"侨批"的内容特色，以及在移民过程中发挥的作

---

① 刘登翰等编著《过番歌文献资料辑注》（福建卷），鹭江出版社2018年版，第134-135页。

用略见一斑。从这些过番歌中，可以看出侨批兼具金融汇款和情感交流两大属性。

(一) 金融汇款功能

银、信合体是侨批最重要的特征。"信一封，银两元"，采录于20世纪90年代漳州市芗城区的《过番歌》就唱出了侨批的这种独特性。

中国早在汉唐、宋元时期便有海外移民经历，彼时的移民多是伴随着宣扬天朝威仪的军队或商旅，与世界发生联系。中华子民移居到海外主要也是为了扩大中华民族影响力，将先进生产力和先进文化带入迁居地。而发生在19世纪的移民潮，却是另一番景象。由于战争、灾祸以及"闽广人稠地狭，田园不足于耕"等种种因素，大量闽人放弃传统耕作，转而"下南洋"以赚取微薄酬劳。谋求财富以赡养家人，成了远赴他邦的最主要任务。过番移民们将在海外出卖劳动力打拼出来的血汗钱寄回家乡，力尽赡养父母妻儿族人的义务。很多过番歌就唱出了侨批的这一"银"的功能。如《我在外面跳脚筒》：

> 我在外面跳脚筒，不是坐店开米行；
> 肩挑押肩流血汗，一分一文寄唐山；
> 望卜一家日子红，有趁无惜无采工。

这首短篇歌谣直接表达了缺少资本和技术的华工在异邦只能从事沉重的体力劳动，收入水平并不高，但却将赚取的分文酬劳都寄回自己的家乡，只盼家中日子好过。

又如采录于晋江的《番客姆，偷偷哼》则道出了批信对于贫困华侨家族的重要性：

> 番客姆，偷偷哼，雨落檐头流，
> 番邦无批信，没米也没草。

番邦寄回的批银往往是一家人唯一的生计来源，倘若他邦无批信，留守家乡的亲人就要陷入"没米没草"的悲苦境地。

《离某离仔去番邦》则采用对比的手法将有无批银的情形在一首歌谣中做了呈现：

> 离某离仔去番邦，讨攒钱银养亲人；
> 骨力勤俭当龟俚，一年寄钱几落帮。
> 一旦挂着番婆弄，心邪龟俚变账房；
> 账房一当钱多赚，家书批信剎断帮。

（二）情感交流功能

侨批作为一种向特定对象传递信息、交流思想感情的应用文书，在通信技术还不甚发达的时期，成了维系海外侨胞与国内侨眷的情感纽带，一封封侨批即是一封封家书。

或述说谋生艰辛，过番歌《番邦趁吃真艰苦》唱出：

> 卜寄唐山一张批，受尽剥削无处说，
> 要趁几仙真无唅，又惊某团会狼狈。

或叮嘱家中事务，《过番歌》中有唱：

> 信一封，银两元，交代妻儿要刻苦，
> 猪罔饲，田著作，免我在外心烦恼。

或借此向家里报送平安，如《送君去番爿》：

>　　为着避灾难，路途这艰难，
>
>　　身命你着顾，批信报平安。

除了"银"和"信"的功能，还有一些关于当时社会现象的细节，我们也可以从众多的过番歌中得以窥见，比如有关社会秩序、汇率变动等。如"批信父母亲名字，月月卜寄来通知"，道出了批信的收件人通常不会署以妻子的名姓，反映了在男尊女卑的传统社会中女性的低下地位。又如："土人挨揍单水价，其实寄钱真艰计；要寄唐山一张批，受剥削，无处说；政府赚钱定歹例，不愿寄，邸厝真狼狈！""单水价"即指侨汇价格，可以看出，侨汇价格常常成为番客往家寄钱的顾虑。"人人掏钱寄中国，乡里各家才起眼。"则侧面体现了华工在外的谋生压力已不仅仅关乎家中之生计，甚至牵连到一个家庭在邻里乡亲中的地位。

三、侨批与过番歌的互通有无

侨批是为书信纸笺，过番歌常被做成歌仔册，这样的文本形式，让关于近代移民的记忆得以更好地保存且方便进行直观阅览。在仔细品读之后，我们可以发现，侨批与过番歌仿若是对同一段故事的两种不同写法，两者不仅有相同的时代背景，更有相近的主题指向。换言之，只有将侨批与过番歌组合在一起，方能更清晰地勾勒出那段血泪斑斑的近代海外移民历史。

（一）侨批与过番歌共同见证了近代中国海外移民的时代浪潮

侨批与过番歌都是伴随着近代海外移民潮的发展而产生的。福建地处东南沿海地区，丘陵山地面积约占土地总面积的90%，平原十分稀缺，素有"八山一水一分田"之称。又因其土壤多为不适宜粮食种植的红壤和赤红壤，故清道光闽浙总督赵慎珍有云："漳泉诸府，负山环海，田少民多，出米不敷民食。"但福建省拥有广阔且曲折的海岸线，北起福鼎的沙埕，南至诏安的洋林，陆地海岸线长达3751.5千米，港口众多。拥挤贫瘠的耕地和优良的港口条件，使得闽人将目光转向海洋，可谓"海者，闽人之田也"。尤其自19世纪后半期以来，中国社会开始逐渐发生显著的变迁。变迁的原动力，有来自国内的，有来自与欧洲接触以后产生的，特别是鸦片战争和中日战争，都是惊醒我国迷梦最有力最沉痛的国际冲突。① 国内政局动荡，民生凋敝，而国外殖民主义盛行，欧洲很多国家为了开发殖民地，急需大批工人，这些国家的公司看上了我国大量的廉价劳动力，因此就派员来华招募佣工。混乱时期，更有以付给工资、垫付船费、伙食费等为诱饵，诱使贫困农民和城市贫民签下卖身契，远渡他邦，成为仿如奴隶的"契约华工"。

无论是对外主动求生，还是大局势所迫，近代海外移民潮的爆发有着其必然性。它既是向海而生的福建人骨子里"爱拼才会赢"的精神使然，也处处透露出过番者背离"父母在，不远游"的家族成规，不得已漂洋过海的无奈。而这些在侨批和过番歌中都能追寻到痕迹。过番歌中对艰辛坎坷的怨叹，侨批中让家人放心的安抚，共同展现出闽人在面对艰难困苦时，不惧挑战、吃苦耐劳、拼搏进取、勇于担当的性格特征。

(二) 侨批与过番歌共同倾诉了近代中国海外移民的重重心事

时代背景往往影响着一个作品的主题表达。孕育在同样大环境下的侨批与过番歌，在抒写和唱述的内容上有着许多相通之处。

1. 思亲怀乡主题，共诉别离之苦

移民题材的文本是人们无奈之下背井离乡的产物，别离的悲苦奠定了其感情基调。漂泊在外的番客和留守家园的亲人虽远隔重洋，但他们的情感是无法割舍的。对于番客而言，在异国他乡拼搏的苦楚只能靠思念远方的亲人以寻求慰藉。而对于留守的亲人，尤其是妻子而言，丈夫

---

① 陈达：《南洋华侨与闽粤社会》，商务印书馆2011年版，第38页。

作为家庭的"顶梁柱"却离家千里，妻子需担负起家庭的里外重担，对丈夫归家的期盼是唯一的精神支柱。思念成了过番题材挥之不去的核心要义。如民国初年流传于福建闽侯、闽清一带的过番歌《南洋记》：

哥哥劝妹莫凄凉，万般言语讲不完；
劝妹在家保身体，免得你哥挂心肠。
……
别过乡亲泪盈盈，不说大家也知情；
不是侬家爱远走，只因贫困逼着人。
……
三点起锚船离岸，船只驶向马尾洋；
回头不见神州地，何时得见爹共娘。
……
一日一夜到厦门，时刻总把家思量；
街景繁华无心看，洋楼看成小城门。
……
海风阵阵雨凄凄，传入港口泗里街；
有人思量父与母，有人想念子共妻。
……
但愿皇天相庇佑，何时孤雁回唐山？
合家大小同相会，月缺重圆乐万般。

这首歌谣又名《华侨泪》，全篇共 224 行，每行 7 字。从面临离别时对亲人的不舍，到漫漫路途里对家的思念，再到异邦苦楚中对团圆的期盼，字句之间皆是浓烈的怀乡之情。

百年前菲律宾华侨黄开物在他大约 100 封的"与妻书"中也尽显

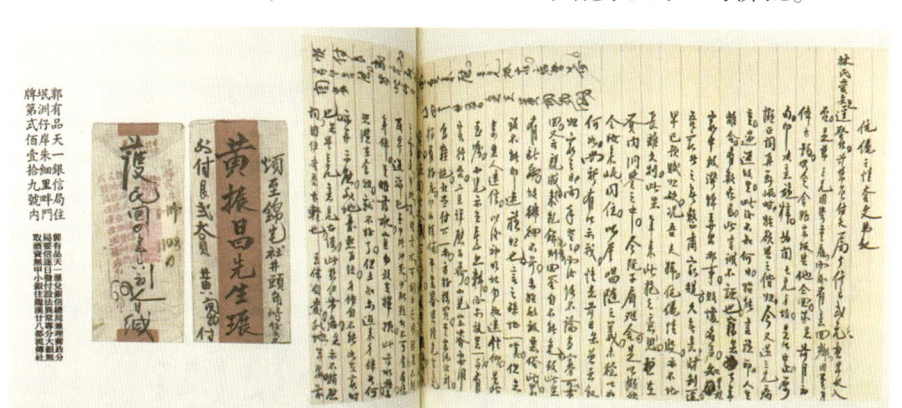

夫妻之间的牵挂之情，如 1915 年 6 月 7 日寄给妻子的一封侨批。①

该批文原意大致如下：

林氏爱妻：

之前托天一局寄去的两元钱，收到了吗？……我上个月上旬准备回家，但世事难料，七兄突然去世，所以中止。……这往后不知道什么时候能回乡，真的是人生自古离合都有定数。……况且你我夫妻情深，不能忍受长久离别，这是我这些年来的想法，想必你也是了解透彻的。

在批信中黄开物大胆表白心意，让妻子林氏放心，他来菲律宾十几年，仍对妻子一心一意，并一再表示，自己在异国，就像"作客"一样，心在故乡。

2. 谋生艰辛主题，共诉生活之难

在辞乡别亲、远走他邦的华侨中，大多数人都是因经济困顿而无奈出国。这些番客带着对番爿淘金机遇的奇想和热望外出谋生，现实却是

---

① 黄清海编《菲华黄开物侨批：世界记忆财富》，福建人民出版社 2016 年版，第 42—43 页。

深陷艰辛的生存环境苦不堪言。大叹"苦经"成了这一时期过番歌和侨批的重要主题。

厦门会文堂本的《新刻过番歌》讲述了南安一个贫困农民，为生计所迫、蹈海南洋的故事，全篇用了近一半的篇幅书写他在异邦谋生的种种艰辛与坎坷。歌中唱道：

> 心中想起哀哀苦，无个亲人引路头。
> 火硙米包带袂朝，做脚拖车食袂消。
> ……
> 早知只路拙干苦，不通行到只路途。
> 唐人虽多难方便，到此想起尽了然。
> ……
> 灵圭报晓天未光，四点翻身就起床。
> 想起檬肉真干苦，无灯无火暗暗摸。
> 早饭食了天未光，工头就来叫出门。
> 头前先到通食烟，尾后即到无宿困。
> 能个龟里锯柴料，袂用龟里拙草埔。
> 有个升苦不肯拙，工头就骂无吧突。
> ……

来到异邦四顾陌生的国度，举目无亲和求职无门是最为可怕的两件事。那种完全失去生存保障的孤独和无助，既是精神的，也是物质的，几乎可以使刚踏上异邦的过番者完全崩溃。而刚从对封建地主经济关系的依附中出走的贫困、破产的农民，重新又陷入对新型资本主义经济关系的依附之中，只能依靠出卖自身廉价劳力被再剥削。这是甚于"要作不作由在咱"的农耕生活更加不如的境遇。① 到最后也只能发出了"劝恁只厝若可度，番平千万不通行"的劝世感叹。

而在侨批中，我们也能看到一些对外乡生活中咸酸苦淡的记叙。

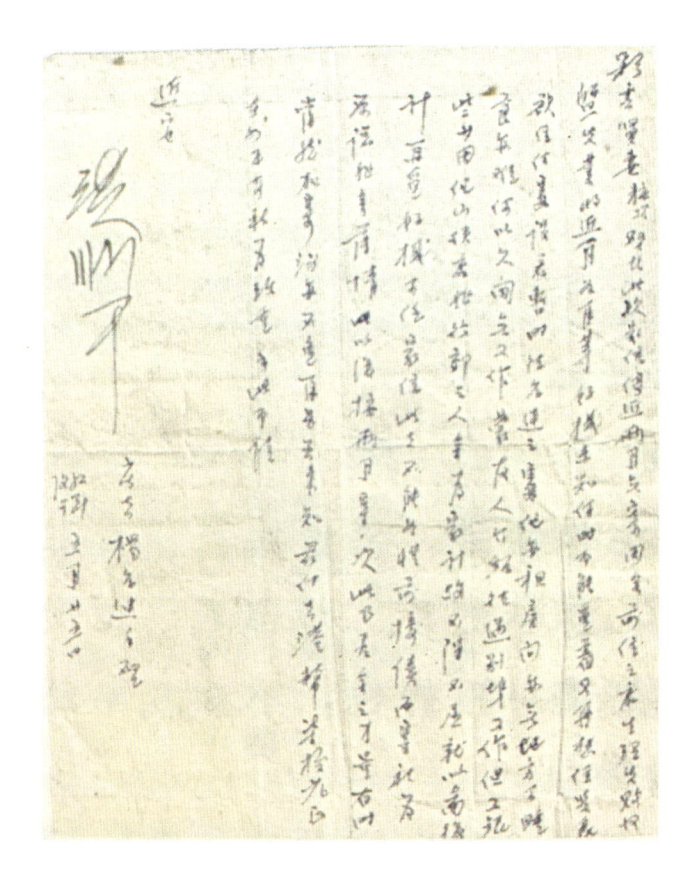

这份批文②大致讲的是：

彩云贤妻：

有两个月没有寄信回家了，因为我之前工作的店，生意失败倒

---

① 刘登翰：《长篇说唱〈过番歌〉的文化冲突和劝世主题——〈过番歌〉研究之三》，《华侨大学学报》（哲学社会科学版）2014年第2期。
② 苏通海：《漳州侨批史话》，福建人民出版社2016年版，第104页。

闭了，失业将近一个月。不知道什么时候能再有机会找到工作；又在想去哪里吃住，如果暂时去元达那里，他也是租房，去也没地方可睡，吃饭也困难。怎么可以长期没有工作！承蒙朋友介绍，到别的城市工作，但是工钱少些，因为是山顶的店，不是大商行。我为了生计，不得不屈就再做打算，接着寻找可以胜任的好工作。家信不能够像以前那样连续地寄，希望你能原谅，而不是我薄情，以后每两个月寄一次。尽我的力量，有时候也会加寄，但是不能够保证。这里寄去港币70元整。在外平安，祈为珍重。

劣夫杨无启

批信说明了华侨杨元迪因失业导致无居所，饮食也成困难，为了家计，只能暂时选择收入不高的工作，含辛茹苦地挨日子。但即使如此，只要有办法，他也总会向家中寄去一点点钱款。在看到华侨谋生不易的同时，也深刻体会到他们爱乡爱亲人的心情。

（三）侨批与过番歌共同钩沉了近代中国海外移民的血泪历史

除了前述的共通性，侨批和过番歌在很多方面也都十分相似，如二者通常都是以海外侨胞或侨眷的第一人称视角展开抒写，且多是夫和妻之间的互动；都具备叙述性，多是以主人公所见、所闻、所感的方式记叙事件、展开情节。这使得我们在了解近代中国海外移民历史时，更添了一种生活化的真实和细节性的感动。

当然，侨批和过番歌不同的是，侨批在行文上多带有文言文色彩，夹杂了不少俚语和方言；在正文内容上，更多的是寄信人告知家人海外生活现状的细节，并谆谆嘱托家人，具有私密性，在没有特别授权的情况下，不宜进行公开传播。而过番歌在语言上多为方言，具有鲜明的地域特色和语言风格。作为一种民间说唱，既有专业艺人的演唱，又有群众自娱性的传唱，特别是后来刻书业的发展，使得作品得到了更充分的流播。在流传过程中，更多的番客根据自己的经历、体验，来补充、修正过番歌，使之内容趋于完善，更具叙事功能。尤其是长篇说唱，往往是将过番全过程予以呈现，即使只是从某个局部和侧面反映华侨及其眷属生活的抒情短章，综合起来也可以看作是一首叙事的长歌。①

综上对比可知，侨批为我们提供了过番歌中看不到的家庭关系细节，过番歌则提供了一个比侨批更宏观的历史视角。正是因为侨批与过番歌同中有异，才得以为我们展现一个更全面的近代中国海外移民样貌。

第三节　侨批中蕴含的中华传统文化

习近平总书记在谈到文物保护时强调，文物承载灿烂文明，传承历史文化，维系民族精神，是老祖宗留给我们的宝贵遗产。侨批，作为特定历史阶段的民间文献，不仅具备档案属性，也兼有着文物价值，是传承中华传统文化的重要载体。透过尘封在侨批中的古老文字，通过追寻侨批业的发展足迹，我们能深切感受到中华传统文化的灵动，再次领略中华传统文化的强大魅力。

一、侨批中的中华传统文化基因

物质上，近代的海外移民几乎是赤手空拳远赴他邦；精神上，他们却有着深厚的凭靠，即中华传统文化。而中华传统文化，又以儒家文化为代表和典范。发端于2000多年前的儒家文化，经过漫长的发展和传承，形成了一套完整而复杂的文化体系，其所蕴含的伦理道德理念、社会价值观念、处世哲学之道等都已渗透到了国家、社会乃至个体的方方面面，融合进了中华民族的精神、性格和气质之中。在海外华侨华人与国内眷属朋友的跨国两地书中，处处都可以感受到儒家文化的生命力。

民俗即民间习俗，指一个国家、地区或民族中广大民众创造、享用

---

① 刘登翰：《〈过番歌〉的产生和流播——〈过番歌〉研究之二》，《福建论坛》（文史哲版）1993年第6期。

并传承下来的风俗生活文化。它源于一个群体的集体生活需要，是记录一个群体日常生活的最忠实载体。不同的自然和社会环境，往往会形成不同的民俗文化。在侨乡，民俗经由侨乡人民在长期生产和生活中形成并世代传承，逐渐成为人们在生活中自觉遵守的一种行为规范，体现着华侨、侨眷及侨乡人们的心理状态和思想观念。① 作为侨乡移民运动的珍贵史料遗存，侨批承载着侨乡民俗文化的硕果，也见证了侨乡移风易俗的进步。

(一) 岁时节日礼俗的重视

智慧的中国人根据对天象的观测以及用"土圭"测日影的方法，发明了干支历法和二十四节气。在使用公历的异域他乡，海外华侨华人们在寄送的侨批中仍坚持使用祖国的传统纪年法，几乎是清一色的甲子纪年或民国纪年，其中的甲子纪年即采干支历法，如戊戌、己亥、辛亥、庚午、癸酉等，共60组，周而复始，循环使用。另外，在侨批中我们也捕捉到十分有趣的农历月份命名方式，主要是根据四季、草木花卉、十二乐律、十二卦象、十二星宿、干支、尔雅、节气等赋予了12个月份美好的别称。如一月份的别称有孟春、建寅、元阳、开岁等，二月份的别称有仲春、建卯、仲阳、花朝等，三月份的别称有季春、建辰、蚕月、桃浪等，四月份的别称有孟夏、建巳、槐序、麦候等，五月份的别称有仲夏、建午、皋月、端阳等，六月份的别称有季夏、建未、小吉、焦月等，七月份的别称有孟秋、建申、兰秋、霜月等，八月份的别称有仲秋、桂秋、仲商等，九月份的别称有季秋、建戌、菊序、秋白等，十月份的别称有孟冬、建亥、吉月、小阳春等，十一月份的别称有仲冬、建子、畅月、龙潜等，十二月份的别称有季冬、建丑、嘉平、腊冬等。

伴随着天文历法、十二节气生成的中国传统节日，在远离故土、侨居他乡的华侨华人心里，同样举足轻重。每逢春节、清明、端午、中秋

---

① 邓达宏、邓芳蕾：《侨批与侨乡民俗文化探析》，《东南学术》2015年第6期。

等重大节日之时,很多华侨定会寄侨批回家。以清明祭祖为例,海外游子通常会提前寄汇钱款,作为拜祖先之用,其目的十分明确,"以示追思先人养育之恩"。他们在批信中也会特别强调"年节忌辰须当诚心奉祀",足以可见对祭拜先祖的重视。

(二) 民间信仰习俗的传承

民间信仰一般是指乡土社会中植根于传统文化,经过历史淬炼并延续至今的有关"神明、鬼魂、祖先、圣贤及天象"的信仰和崇拜,是地方社会的一个民俗现象。"闽南与粤东的乡民,对于心理环境的调适,却是依赖与信托。在传统的生活里,他们向来是崇奉鬼神的。以为敬神祀鬼,可以避祸而得福。"① 对于侨眷来说,"因家中既有人在南洋,他们的身体安全,或事业顺利,在家中人的臆想,莫非要靠神明来保佑"②。也由此,"一般侨胞,对于神明之信仰牢不可破,在一年中祀奉之神诞日期,达三十次之多,所费更属不赀焉"③。

闽南是一个民间信仰极其繁盛的地方,闽南百姓敬奉的鬼神很多,保生大帝、关帝君、开漳圣王、妈祖、三平祖师、清水祖师、土地公、血疯夫人等等,都在闽南地区具有深厚的信仰根基。邓达宏在《侨乡与侨乡民俗文化探析》一文中就对闽地神明崇拜的民俗文化展开了细致分析。文中以1919年农历十一月初三福建泉州的曾云螺夫妇致其岳伯母老大人的批信为例,信中写道:"缘小儿瑞标十一月生辰,宜切草草为办。而东岳血疯夫人、并三夫人即办牲礼,叩答花桥公关夫子亦然。"儿子瑞标的生辰仅"草草为办",而血疯夫人、三夫人与花桥公(即保生大帝)、关夫子(即关公)却要"办牲礼叩答",可见其对神明的虔诚敬奉。文中还提到在福建省永定县下洋村,每年举办各种民俗活

---

① 陈达:《南洋华侨与闽粤社会》,商务印书馆2011年版,第35页。
② 同上书,第266页。
③ 福建省经济建设计划委员会宣传处编《抗战期中之福建华侨》,福建省经济建设计划委员会宣传处1941年出版,第61页。

动的开支大都来自侨汇。而"中川村每年三月都有一次'妈祖戏'……走南洋的水客…… 就在二月间,由南洋带回了不少侨汇,以备侨眷在'妈祖戏'期中的特别开销"。海外华侨华人及其侨眷对神明的信仰与崇拜,是人与大自然神祇特殊关系在意识潜流中的一种折射,更是一种凝结着海外游子之心的共同信仰与文化认同。①

(三) 婚嫁裹脚的移风易俗

婚姻是维系人类自身繁衍和社会延续的最基本的制度和活动。婚姻礼仪在中国民俗观念中占有着重中之重的地位。福建婚嫁习俗滥觞于儒家传统的纳彩、问名、纳吉、纳征、请期、亲迎等"六礼",也融入了不少独特的地方风俗,其中不乏有一些陈规陋习。如闽南地区的"托姊妹对拜,取成双之意""填房婚",就是一种被迫的包办婚姻形式。漂洋过海的移民,由于在异域接受了西方自由文化的熏陶,对男女恋爱婚姻的看法发生了转变,具有一定的进步意义。如晋江籍菲律宾华侨许书琏,在1930年寄信回龙湖浯坑妻子的信里提到:"……所云由媒人来念小女玫绰年庚往衙口一节,惟此事务须候我细查。如是妥当,或不妥处,另日当修书尔知。然此及女儿终身大事,非再三斟酌觅妥不可。万勿一时妄许,至嘱,至嘱……诸小儿女辈,望细心教养为要。兹便并付大银壹拾肆元。到可查收。即拨出贰元交家曾姊,贰元交玫绰私用。余即收入家用……"这位移民父亲不仅关注女儿婚姻大事,也对女儿照顾有加,专门另拨贰元给女儿玫绰私用,体现出男女平等的父爱之心。②

近代移民带来的移风易俗,还体现在对女性放足的提倡。旅菲华侨黄开物曾多次写信让妻子林氏松掉缠绑的小脚。例如,他在批中写道:"今者,愚欲与卿相商一事最利便于卿,何也?放足是也!放足之益实

---

① 邓达宏、邓芳蕾:《侨批与侨乡民俗文化探析》,《东南学术》2015 年第 6 期。
② 同上。

有数层，行路免艰难也；出外舟车免畏怯也；操作得自由也。有此三利而无一害，卿何妨而不为?"① "至汝放足一事，切当实心而行，万勿将鞋收贮，不肯放足，是所至嘱。"② "而汝放足一事，至今全无言及，放后行走如何?"③ "而尔放足一事，至今尚未实行，何置吾言如不闻耶？实在可叹！"④ 作为较早接触外界新思想的人士，黄开物认为裹小脚的旧习与日新月异的社会风尚格格不入，而放足则好处多多，但妻子林氏对于放足一事还十分排斥。他在批中从开始的好言相劝到后来的厉声斥责，可见黄开物对于革除诸如放足等旧风俗习惯的执着与坚定。

二、侨批形式中的中国特色元素

通过侨批中的文字内容，我们得以感受到中华儒文化的丰富内涵，也领略了中华民俗文化的鲜明特色。而透过侨批封、批信中的书信体格式，我们同样也可以见到中华传统文化的影子。

（一）侨批封的传统审美

侨批封即装纳侨批的信封，它的印制和使用蕴含了丰富的中华汉文化元素。

1. 侨批封的书画装饰

清末的批封多使用"红条封"，在国人传统意识里，"红"象征着喜庆，用以给家乡亲人传去平安和吉祥的信号，被视为侨批封的最初样式。有相当数量的批封红条上采用了篆书或行楷进行书写，书仪端谨，遵循了十分严格的书写规范，展现了中华书法艺术的独有魅力。随着侨批业务的发展，侨批封开始有了一定的设计，样式逐渐增多，出现了含有山水等国画图案的侨批封。如1933年菲宿务寄晋江的"富贵寿考"，

---

① 黄清海编《菲华黄开物侨批：世界记忆财富》，福建人民出版社2016年版，第14页。
② 同上书，第24页。
③ 同上书，第27页。
④ 同上书，第38页。

1936年由印尼巴厘岛寄安溪的"秋山行旅"侨批封，1938年菲律宾马尼拉寄晋江的"圯桥三进"侨批封，还有陶怡松兰、玉堂富贵白头永昌、文采绚粲富贵长年、风尘三侠、双人骑白鹿、彭泽高踪、鸿宾来仪、紫绶金章、云壑秋高、八百长春、元章拜石、故园松鹤老无恙、萧萧长松水阁处、松下横琴、孤松流清翠丛菊送秋香、柳荫垂钓、竹报平安等。这些批封上的图案无不取材于中华传统文化精髓，既有象征长寿安康的松与鹤，也有指向平安的"竹报"，表面上是一幅绘画作品，但实际上是代表自己审美喜好与情趣的一方山水，以寄情山水的厚重与灵动来为收信人祈愿，① 彰显出中华传统文化的深厚底蕴。

2. 侨批封上的戳印列字

侨批封一般具有"文、章、戳、图"四个要素。其中的戳印也是极具中华传统之趣味。侨批封上的戳记通常是盖在封套正面右上角和左下角，常刻有"如意"二字，"如意"边沿以"花鸟舟船"等为纹饰，既表达了如意吉祥的祝愿，也起到迎首压角、防伪信物之用。早期戳记还曾采用近八角形，一个角代表一个方位，寓意着"八方"。另一方面，为了加强专业化经营和管理，侨批封上通常会进行列字及编号，有不少批局就采用我国南北朝时期《千字文》的文字来作列字，即按《千字文》的文字顺序作为班次的先后顺序，其中的每一个字代表一班次。如"天"字为首帮，则"地"字为次帮，余类推。同一班次的侨批，用商码或阿拉伯数码作为编号。同一班次的侨批均有一个不同的编号，如"天"字｜=｜｜｜①号（123号），"天"字｜=×号（124号）；"地"字‖三‖号（232号），"地"字‖×⊥号（246号）等等。② 由此折射出了中华传统文化对侨批业务的影响之深。

（二）书信体的传统意蕴

---

① 付勇：《侨批封及其书写研究》，《人文岭南》2020年10月28日第107期。
② 曾旭波：《侨批列字探析》，《汕头大学学报》2003年第S1期。

作为一种书信文本，书写格式是侨批最显在的礼制表征，即以特定的"文本礼制"代替当面交谈的表情、神态、姿势、动作、声音、语气、语调和礼节。"文本礼制"作为书信文体的独特形式，实际是人类语言交往行为中的礼仪符号，是一种蕴含着丰富文化内涵的艺术形式。[①]侨批沿用了中国的传统书信格式，通常包括了称呼、问候语、缘起语、正文、祝词、署名、启禀词和日期这几个要素，每个要素都透露着中华传统文化的庄重典雅和适中得体，如其中称谓的使用就十分重视长幼尊卑的人际关系，既有传统书信的文雅称谓，也融入了地方特色，还会在核心称谓词上，通过加入其他词或语素等组合方式表现敬谦和亲疏关系，[②]如表敬谦的"愚夫"、表赞誉的"贤弟"、表亲疏关系的"襟兄""内侄"、表长幼排行的"仲男""细姨"等。又如正文后的祝词，"祝"和"词"一般分别独立成行，根据对象的不同，有"即请时祺""此达近安""并候时安""又候新祺""顺问年佳""并请阖潭清吉"等各种问安语。中华传统的信札书牍之美，在侨批中得到了淋漓尽致的呈现。

三、侨批业的中国信义"生意经"

19世纪初，随着海外移民的增多，华侨们与家乡联系的需求也日益强烈。为适应这种需要，专门经营华侨和侨眷之间互通银钱和书信的侨批业务应运而生。侨批经营者们以中华传统美德"信义"为立业之本，贯彻着"天时、地利、人和"的理念，审时度势、灵活经营，铸就了独特的福建侨批经营文化。

（一）"信义"为本

诚信是侨批业成功的基础。侨批业务是以个人运递为发端的，早期经营者被称作"水客"，此为私营侨批业的最初形式。《潮州志》中有一段概括记载："因华侨在外，居留范围既极广，而国内侨眷，又多为

[①] 赵宪章：《论民间书信及其对话艺术》，《清华大学学报》（哲学社会科学版）2008年第4期。

[②] 谢静：《潮汕侨批中的亲属称谓研究》，《韩山师范学院学报》2018年第39期。

散处穷乡僻壤之妇孺。批业在外洋，采代收方法或专雇伙伴，一一登门收寄，抵国内后，又用熟习可靠批脚，逐户按址送交，即收取回批寄返外洋，仍一一登门交还，减少华侨为寄款而虚耗工作时间。至人数之繁多，款项之琐碎，既非银行依照驳汇手续所能办理。其书信写之简单，荒村陋巷地址之错杂，也非邮政所能送还。"书中的情况描述同样适用于福建形势，故当时的水客往往是由同族同乡较为令人信赖的人担任。这些水客头脑灵活，有一定的经营理念，熟悉华侨的分布，甚至对华侨家庭也有一定了解，且文化素质较高，有时还必须代一些不识字的华侨写批，包括一系列诸如记账、办货出入、旅程安排、托运货物、兑换银钱，回到国内还须按址送批并取回回批。随着业务的扩张，部分水客通过扩大经营或合股的方式成立侨批局，侨批业务进入批局、信局经营阶段。不管形势如何变迁，侨批业经营者仍始终恪守诚信的职业道德，以义取利，把一封封家书连同一笔笔批款送到各镇各村、各家各户以至穷乡僻壤的侨眷手中，一笔不漏、分文不差，在赚取财富的同时，也受到了广大华侨乡亲的尊重和欢迎。漳州龙海人郭有品创设的天一信局就是典型例子。天一信局开办后，每批银信均由郭有品本人亲自收取押运回国。在一次押运侨汇途中，船遇台风而沉没大海，郭有品获救后返乡，便变卖田物兑成大银，凭衣袋中仅存的名单款项一一赔偿。自此，郭有品诚信经营的名望誉满南洋，深受华侨信赖，华侨银信都愿通过天一信局汇寄，天一信局的业务日益增多。到19世纪末20世纪初，将"信誉第一、便民为上"作为遵循的天一信局，建立了以厦门口岸为中心，向南洋和国内侨区辐射的双肩形结构，实现了侨批业从"客头制度"到"跨国公司"的飞跃，成了闽南众多侨批局中的佼佼者。[①] 这就是"义者，百事之始也，万利之本也"的收效。

[①] 郑云：《闽南侨批业与天一信局的兴衰》，《漳州职业大学学报》2004年第4期。

（二）灵活经营

《孟子·公孙丑下》有云："天时不如地利，地利不如人和。"侨批经营者深谙其道，常能根据市场环境的不同，审时度势，发挥智慧，灵活开展经营。针对收寄人分散且多处偏远地带的客观情况，侨批局会专门雇佣批脚进行上门收批、送批，弥补了邮政金融服务未能覆盖偏僻地区的服务空白。面对经济紧张的侨民，侨批业也多有优惠。对声誉良好、工作稳定的侨民允许赊寄，侨批局先行垫款，回批送到后再向侨民收款；对在种植园、矿山、商号工作的侨民，在侨民雇主的担保下，也允许集体赊寄。盈利模式上，侨批经营者也会在批费、汇率差价、商品贸易上进行灵活选择。当汇价变动大、金融投机盛行时，不同时间与地点的汇率差价会成为侨批业的主要盈利方式；而在严格外汇管制时期，侨批经营者就会在东南亚用外币买入商品，到国内进行售卖以获得贸易收入。[①] 另外还有一种"暗批"的特殊形式，它的存在是为应对非常时期的非常政策。第二次世界大战结束后至 20 世纪 80 年代，南洋国家和地区对中国的汇款进行限制，出国打拼的华侨不能将血汗钱寄回国内，于是他们就用"寄烟纸""寄地瓜""寄门牌"等暗语书写侨批，再由批局用专用批筏进行解语，完成结汇。面对不同的国际国内环境，侨批业以其特有的灵活性，不断发展自身，取得了行业的繁荣，为分隔两地的华侨侨眷们搭起了一条畅通的交流通道。

在近代中国跌宕起伏的历史之中，福建侨批以其特有的"银信合封"方式，忠实地进行着跨国金融与通信沟通的使命，架设起海外福建华侨华人与祖国侨眷之间的双向交流。它内透着深层儒家文化基因，呈现了多样民俗形象，外显出中国传统审美，表露了"信义"经营文化，是中华传统文化延续和传承的特殊载体，也推动着中华传统文化向更广的区域播迁和闪光。

---

① 肖枫、周游：《侨批业发展的成功经验及镜鉴》，《今日财富》2019 年第 5 期。

第五章　海邦剩馥：侨批与"世界记忆"

产生于特定移民背景下的侨批，最初是为了满足海外华侨华人与国内侨眷的通信和汇款需求，但当它走过了足够长的时间，跨越了足够广的地域，探索了足够多的路线，跟进了足够丰富的传递形式，见证了足够多的历史细节后，其功能价值已然不再局限于一个家庭、一个地域、一个国度，而是走向了更广阔的国际舞台。2013 年 6 月 19 日，在民间浮浮沉沉了近两个世纪的"侨批档案"，成功入选联合国教科文组织《世界记忆名录》，成为全人类共同的记忆财富。这是对海内外华侨华人心愿的实现，是侨批档案由"草根"登上世界殿堂质的转变，更是对侨批珍贵文献价值的充分肯定。

第一节　何为"世界记忆"

《世界记忆名录》（Memory of the World Register），是指经联合国教科文组织世界记忆工程国际咨询委员会建议并由联合国教科文组织总干事批准的，具备世界意义和突出普遍价值的文献遗产项目清单。文献遗产是一个集合术语，指的是具有信息内容和载体的一份或有逻辑连贯性的一组文献（如一个集合、馆藏或档案全宗），人们在日常生活中经常接触到的手稿、书籍、信件、绘图、乐谱、光盘、照片等，只要满足一定的文献价值，都可能被选作名录中的一员。它同《世界遗产名录》《人类非物质文化遗产代表作名录》一起，并称为联合国教科文组织的"三大名录"。

一、"世界记忆工程"的概况

《世界记忆名录》是联合国教科文组织的旗舰项目——"世界记忆工程"的主要成果形式。以文献记录为形式的记忆遗产，反映了语言、民族和文化的多样性，它是世界各族人民的集体记忆，同时也是观察世界的一面多棱镜，是世界文化遗产的重要组成部分。由于载体性质的特殊性，记忆遗产在保存过程中，常会因自然灾难、人为破坏、战争掠夺或其他原因而日渐老化甚至遭遇毁灭性破坏，许多珍贵的记忆遗产正处于极度濒危状态，每天都有仅存的重要记忆在消失。为此，1992年联合国教科文组织发起了"世界记忆工程"，作为世界遗产目录项目的延伸。该项目通过建立《世界记忆名录》、授予标识等方式，向政府和民众宣传保护珍贵文献遗产的重要性，同时鼓励通过国际合作和使用最佳技术手段等，对文献遗产开展有效保护和抢救，进而促进文化遗产利用的民主化，提高人们对文献遗产的重要性和保管的必要性的认识。①"世界记忆工程"的最终成果是通过《世界记忆名录》体系呈现的，根据其地域影响力的不同，分为世界级、地区级和国家级记忆名录。世界级记忆名录，即我们通常所说的《世界记忆名录》。

二、"世界记忆工程"的机构设置

"世界记忆工程"设立了国际咨询委员会、地区委员会和国家委员会、秘书处共三级机构对世界记忆进行管理。1993年在波兰成立的国际咨询委员会是其常设组织和核心机构，由10—15名委员和一定数量观察员组成。委员通过联合国教科文组织总干事任命，以个人身份参加委员会工作。国际咨询委员的主要任务为：评价并选择进入《世界记忆名录》的文献遗产，向建议的项目划拨资金，批准选为工程的非教科文组织资助的项目，筹集资金，从《世界记忆名录》除名等。地区

---

① 陈鑫、吴芳、卜鉴民：《世界记忆工程对中国档案事业发展影响》，《档案与建设》2017年第10期。

委员会和国家委员会是世界记忆工程遍布全球的重要执行机构,负责鉴别文献遗产,并向国际咨询委员会提名,全局性管理协调项目和活动;管理世界记忆基金的分配;监察地区和国家级的遗产项目;公布地区级名录和国家级名录。秘书处为国际咨询委员会下设机构,主要负责工程的行政管理工作,监督项目执行情况;保管《世界记忆名录》并通过联机方式在网上公布;管理下属机构——执行局、名录分委员会和技术分委员会等。①

三、"世界记忆工程"的目标

"世界记忆工程"确立有四个目标:(1)保护。采用最适当的手段保护具有世界意义、国家或地区意义的文献遗产,并鼓励对具有国家和地区意义的文献遗产的保护。(2)利用。促进文献遗产得到最大限度的、不受歧视的平等利用。这里强调的是利用的民主化,即只要是根据本国档案法可以开放的档案文献,就应该对任何人的利用要求一视同仁,包括外国公民。同时,世界记忆工程强调保护和利用的同等重要性。它们就好比是一枚硬币的两面,保护的目的是利用,而利用则是争取政府和社会的支持及获取资助的最有效手段。(3)产品销售。开发以文化遗产为基础的各种产品并广泛推销,营利所得的资金也用于文献遗产的保护。(4)认识。提高世界各国对其文献遗产,特别是对具有世界意义的文献遗产的认识。这四个目标不仅同等重要,而且互为补充。

四、《世界记忆名录》的选择标准

2002年公布的《世界记忆——保护文献遗产的总方针》中详细阐述了《世界记忆名录》的资源选择标准,声明每一个记录,不论是世界的、区域的或国家的,都要基于文献遗产的世界价值评估标准,选择

---

① 李美慧、李天硕:《中国档案文献与〈世界记忆名录〉研究》,《图书馆学刊》2020年第42期。

具有全球性、区域性或国家性影响力的资源。《世界记忆——保护文献遗产的总方针》中指出，判定一个文献遗产是否记入《世界记忆名录》需要综合考虑以下因素：（1）真实性，探明资源的来源和特性，避免复制品、赝品、虚假文件存在其中；（2）独特性和不可替代性，该资源的消失或毁坏会造成人类遗产的巨大匮乏；（3）稀有性，资源的内容或物理性质是否使其成为某一时间或者类型的现存稀有典例；（4）完整性，就现存载体和内容而言，是完整的还是残缺的、是否被腐蚀或损坏；（5）濒危性，该资源是否濒危、是否需要特殊措施来保证安全；（6）管理计划，是否有合适的方法去保存和获取这些文献遗产。

同时，方针也为资源的价值判断提供了五项鉴定因素：（1）时间，在危机社会或文化变革时期的文献更有价值；（2）地点，资源可能含有关于一个地域在世界历史文化中的重要信息，或者它可能对已经消失的自然环境、城市或机构有相关描述；（3）人物，资源的社会和文化内容可能反映了人类行为或社会、工业、艺术和政治发展的重要方面，它可能体现了伟大的运动、转变、进步或回归的本质，可以反映关键个人或群体的影响；（4）题材和主题，主题代表了自然、社会和人文科学、政治、意识形态、体育和艺术中的特定历史或知识发展；（5）形式和风格，资源有出色的审美、风格或语言价值，可以是一种表示风俗或媒介或消失的或正在消失的载体或格式的典型和关键范例。①

自 1993 年起，《世界记忆名录》每两年为一个申报周期，每两年召开一次审批会议，每个国家每次最多申报两项。截至 2022 年，中国文献遗产已有 13 项入选《世界记忆名录》，按时间先后顺序分别为：（1）中国传统音乐录音档案（1997 年）；（2）清代内阁秘本档（1999 年）；（3）纳西东巴古籍文献（2003 年）；（4）清代科举大金榜（2005

---

① 吴志强、张嘉宝：《从〈世界记忆名录〉资源选择标准看我国数字资源长期保存的资源选择策略》，《信息资源管理学报》2014 年第 4 期。

年);(5)清代"样式雷"图档(2007年);(6)《木草纲目》(2011年);(7)《黄帝内经》(2011年);(8)侨批档案——海外华侨银信(2013年);(9)中国西藏元代官方档案(2013年);(10)南京大屠杀档案(2015年);(11)清代澳门地方衙门档案(2017年)(教科文组织为促进国家间合作,提倡两个或两个以上国家的联合申报,这类申报将不计算在参与国的名额内。该文献档案是由澳门档案馆与葡萄牙东波塔国家档案馆联合申报,故不算在我国当年度申报限额之中);(12)近现代中国苏州丝绸档案(2017年);(13)甲骨文(2017年)。

第二节 福建侨批如何"申遗"成功

一、"申遗"的缘起与经过

福建侨批档案申遗工作开始于2009年。谈及侨批档案申报《世界记忆名录》,是无法将福建侨批档案和广东侨批档案割裂的。2006年,潮汕历史文化研究中心首次提出将"潮汕侨批档案"申报为世界记忆遗产,"侨批档案"由此开启了一段不寻常的"申遗"之路。2007年,广东省"两会"期间,潮汕地区的省人大代表提出了"'潮汕侨批'申报世界记忆遗产建议案",广东省人大对此建议十分重视,将此建议分别敦请广东省文化厅、广东省档案局具体承办。鉴于申报《世界记忆名录》需经过从《中国档案文献遗产名录》中选择出符合世界意义选择标准的档案文献向国际咨询委员会提出申报申请的程序,广东省档案馆首先着手向国家档案局申报"中国档案文献遗产"。"中国档案文献遗产"是国家档案局于2000年正式启动的文献遗产工程,旨在有计划、有步骤地开展抢救、保护中国档案文献遗产的工作,为中国档案文献申报《世界记忆名录》和《世界记忆亚太地区名录》提供支持。

2008年,广东省档案馆以"广东侨批"名义正式向国家档案局提交了《关于广东侨批申报中国档案文献遗产的请示》,这次申报的侨批档案不仅仅是潮汕侨批,还包括了梅州侨批和五邑侨批。同时期,福建也提出了福建侨批申报世界记忆遗产的请求。在福建省官方收藏的侨批档案资料中,泉州的侨批档案数量占到90%,使得福建侨批独具闽南特色,是侨批档案不可或缺的重要组成部分。考虑到文献遗产的完整性,在国家档案局的协调下,广东省档案馆和福建省档案馆决定联合以"侨批档案"(由"广东侨批"和"福建侨批"构成)名义,申报国家和世界文献遗产。经过一系列努力,2010年2月22日,"中国档案文献遗产工程"国家咨询委员会召开会议,评定"侨批档案"入选《中国档案文献遗产名录》。

2011年12月,经国家档案局同意,广东、福建两省档案局联合向世界记忆亚太区委员会提交侨批档案申报《世界记忆亚太地区名录》项目的文本。2012年5月16日,联合国教科文组织亚太地区委员会第5次全体会议在泰国曼谷举行,"侨批档案"入选《世界记忆亚太地区名录》。

2013年6月19日,在韩国全罗南道光州市举行的联合国教科文组织世界亚太地区委员会第11次会议上,由我国申报的侨批档案——海外华侨银信"与"西藏元代官方档案"一起,成功入选《世界记忆名录》。[①] 联合国教科文组织对"侨批档案——海外华侨银信"的评价是:"它们印证了近代中国国际移民和东西方跨文化联系与相互碰撞的历史。"至此,侨批"申遗"工作完成了"三级跳",取得圆满结果。这也标志着福建省和广东省在自然遗产、文化遗产、非物质文化遗产和记忆遗产四大类世界遗产上实现"大满贯"。

二、福建侨批的世界记忆遗产属性

2000年,国际汉学大师饶宗颐先生在潮汕历史文化研究中心举办的讲座上对侨批有过一段精彩论述:"徽州特殊的是契据、契约等经济

---

① 陈汉初:《从"尺素雅牍"到世界遗产——略论潮人对侨批历史文化价值逐步深化认识的漫长之路》,《韩山师范学院学报》2014年第4期。

文件,而潮汕能够与它媲美的是侨批,侨批等于徽州的契约,价值相等。来自民间的侨批记载翔实,内容丰富,从中可以了解到祖国与侨胞居住国的国情、侨胞故乡的乡情、侨胞家庭的家情和侨胞与他们眷属的亲情,是研究社会史、金融史、邮政史以至海外移民史、海外交通史、国际关系史的历史资料,与典籍文献互相印证、补充典籍文献记载之不足,可谓是继徽州契约文书之后在历史文化上的又一重大发现。"饶宗颐先生将侨批与徽州契约相提并论,称侨批为"侨学前导""海邦剩馥""媲美徽学""侨史辉煌"。这样的评价铿锵有力、字字珠玑,一定程度上反映了侨批档案所具备的不凡史料价值和学术价值。作为一种纸质沟通文书,侨批延续了中国传统书信的基本风格,但由于沟通联结的对象主要为海外移民及其国内亲友,主体的特殊性决定了它所承载的将不只是中国本土的记忆,而是具有更广阔的文化背景和人类记忆。入选《世界记忆名录》的侨批既具有真实性、社会性、孤本性、不可复制性等档案的基础性质,还具有草根性、国际性、系统性、丰富性等独特的世界记忆遗产属性。

1. 立足民间的草根性

侨批首先是一种民间私人书信,它发轫于民间,流转于民间,作用于民间,是未经刻意雕琢的史信,忠实地记录着那段时期中国的普通民众,尤其是社会底层农民的生活样态。一方面,侨批的收寄人绝大多数是草根阶层的普通民众,侨批的内容也多围绕家庭事务展开,即使有对侨居地政治、经济、文化、社会等的叙述,也都是华侨们以民间眼光观察的结果,带有社会底层认识的痕迹。且受众通常是自己最为之信赖的亲朋好友,因而其所记述内容矫揉造作、曲意逢迎者少,秉笔直书、抒发胸臆者多,① 用词用语都更贴近日常生活。另一方面,侨批的传送虽

---

① 林真、丁丽兴:《世界记忆视野中福建侨批的价值研究》,《比较、借鉴与前瞻:国际移民书信研究》,广东人民出版社2014年版,第2页。

在一些环节上利用了国家层面现代的金融和邮政渠道,但在海外的接收和侨乡的分送还主要是民间的专营或兼营的组织完成,批信局、金山庄发挥着民间的金融和邮政功能。①

2. 跨域碰撞的国际性

一部侨批史,半部在闽粤,半部在海外。国际移民是一种跨国人口流动的现象,也势必引发不同国家、不同民族之间文化的碰撞和融合,侨批是实现这种跨域交流的重要渠道。海外华侨通过侨批传回来国外的风土人情、生活习惯、行为观念、政策法规、建筑样式等异域文化的最新消息,在与国内文化碰撞、共生、融合的过程中,潜移默化地影响着侨乡民众的观念和行为,促成了具有数千年传统的乡村社会转型。相对的,伴随着国人向东南亚、大洋洲和欧美地区迁徙、移民,大量的中华文化也得以借助"两地书"的方式向世界各地传播,在海外留下了许许多多的中华文化印记。侨批保留了100多年来华侨主要分布国家(地区)历史变迁的部分痕迹,也弥补了官方文献中缺乏中外文化融合具体信息的缺憾。

3. 完整自洽的系统性

从时间上看,有据可查的福建近代侨批最迟出现于19世纪80年代,直至1979年侨批业务归口中国银行管理后结束,跨越了晚清、民国、中华人民共和国三个历史时期,时间跨度很大,可以比较系统地反映中国的时代变迁。从分布上看,福建侨批涉及区域不仅包括了国内泉州、厦门、福州、漳州、莆田、龙岩等几十个侨乡县市,也包括了东南亚的马来西亚、新加坡、菲律宾、泰国、越南、缅甸,东亚的日本,北美的加拿大、美国,以及大洋洲的澳大利亚,欧洲乃至非洲等地,分布区域极广。再加上侨批多以核心家庭为单位保存,且一般都有往来批,

---

① 张国雄:《侨批档案:近代中国国际移民的集体记忆》,《比较、借鉴与前瞻:国际移民书信研究》,广东人民出版社2014年版,第38页。

通信来往通常可以连续十多年甚至几十年之久，涉及的人物事件往往是家族性的，为我们了解和重构多地的侨乡和华人社会提供了更为全面的视角。

4. 史料价值的丰富性

侨批蕴含的史料翔实丰富，它真实地记录了中国近代海外移民在移民路线、金融汇兑、邮传驿递、商贸往来、拓荒垦殖、文化交流等方面的重要信息，详细展现了华侨赡养父母妻儿、接济国内亲属同胞、壮大宗族的生活细节；完整追溯了水客与侨批局秉承信誉为首、便民为上原则的发展历史；详尽记录并还原了华侨支持辛亥革命、支援祖国抗战、捐资家乡公益的庄严历史；清晰勾画了中国近代金融、邮政变迁历史中"水客——批局——邮局——银行"的演进脉络，是关于我国近现代东南沿海地区和海外华人社会、经济发展的真实记忆，① 是研究近代华侨史、社会史、文化史、邮政史、中外交通史、金融汇兑史、对外经贸史、国际关系史等的珍贵档案文献。

侨批档案的"申遗"，不仅仅只是在《世界记忆名录》中对"一席之地"的争取，其所带来的一系列积极效应更加鼓舞人心。在历经七年的"申遗"征程中，借助"申遗"契机，广东、福建两省档案馆及有关历史文化研究机构对侨批档案进行了充分搜集、检查和整理，有很多珍贵的侨批档案是在这种摸家底的过程中挖掘出来的，有效推动了侨批档案的管理和保护。与此同时，为了配合"申遗"，档案部门也积极通过举办各类展览或召开学术研讨会来开展文献遗产的保护宣传和理论研究。如福建省档案馆和泉州档案馆就曾分别在泰国、新加坡举办了"百年跨国两地书——侨批档案展""家书抵万金——新加坡侨批文化展"，将侨批档案推出国门，取得了良好的宣传效果和社会效应。又如

---

① 闫媛媛：《记忆遗产重现历史 "海邦剩馥"吐露芬馥——读〈闽南侨批大全〉（第一辑）有感》，《华侨华人历史研究》2017年第1期。

2012年福建省档案局在福州召开的"中国侨批·世界记忆"国际学术研讨会和2013年福建、广东两省联合在北京召开的"中国侨批·世界记忆工程"国际学术研讨会，这些研讨会突破了以往侨批研讨会学术力量薄弱的困境，来自日本、新加坡、泰国和国内的诸多侨批研究专家构成了一支高度国际化的侨批研究队伍，与国内科研机构、民间团体、私人收藏等多方力量形成了良性互动、相互促进的大好格局。[1] 可以说，侨批档案能成功入选《世界记忆名录》离不开政府的支持和民间力量的辅助。但正如曾任潮汕历史文化研究中心顾问的王炜中所讲过的，"申遗成功是进行时，不是完成时"。"申遗"成功意味着在侨批档案的保护和研究上我们有了更大的责任和更多的可能。如何实现侨批档案的科学化管理，如何在国际领域更广、更深地挖掘侨批档案蕴藏的深层次内涵和世界价值，仍将是未来我们持之以恒并共同努力的方向。

第三节　走近福建侨批档案

近年来，以侨批"申遗"成功作为新起点，福建省逐步探索出一条具有福建特色的侨批档案保护开发和宣传推广路子，建立起了"档案部门为主体、多方协作、社会参与、成果共享"的工作机制，取得良好成效。广大民众也因此有了更多的机会走进档案馆、博物馆、图书馆等机构，近距离品读侨批档案，依循时光轨迹，穿越百年沧桑，去体会一封封侨批字里行间对家人、故乡和祖国的深情和热爱。

一、福建省档案馆

位于福建省福州市闽侯县大学城中心共享区明德路2号的福建省档案馆，是侨批申遗的主力军，拥有侨批馆藏5万多件，并已通过数字化

---

[1] 福建省档案局《福建侨批与申遗》课题组：《福建〈侨批档案〉的申遗之路》，《中国档案》2013年第8期。

手段完成了对全省侨批档案文献目录的整合、校勘和编辑，刊印了《福建侨批档案目录》，极大地便利了社会对侨批档案的共享和利用。自2013年侨批档案入选《世界记忆名录》以来，福建省档案馆更是投入大量资源，着眼于发挥档案文献"存凭、留史、资政、育人"重要功能，积极开展侨批档案的抢救保护、研究开发和宣传推广工作，做深做实侨批档案这篇"大文章"。

2014年6月，福建省档案馆设立了福建首家以"侨批"为主题的研究机构——福建侨批文化研究中心。作为一个保护、开发和利用侨批文物，展示侨批文化内涵和价值的特色平台，福建侨批文化研究中心致力于对省内外侨批档案进行收集、整理、保护、研究、开发，进一步挖掘侨批的遗产价值，传承中华传统文化，促进华侨文化建设。2018年11月，国家档案局、联合国教科文组织世界记忆项目教育和研究分委员会在省档案馆设立世界记忆项目福建学术中心。这是全球第四家世界记忆项目学术中心，负责协助世界记忆项目中国国家委员会和世界记忆项目教育与研究分委会的工作，旨在加强对侨批档案文献遗产价值的研究并开发不同形式的档案文献产品，促进世界记忆项目跨国家、跨地区、跨社群的交流，推广和利用。依托世界记忆项目福建学术中心和福建侨批文化研究中心，福建省档案馆深度打造了侨批文化品牌"百年跨国两地书——福建侨批"，推动侨批文化走进侨乡、学校和海外社团，先后赴美国、日本、新西兰、菲律宾、泰国、马来西亚、印尼、柬埔寨等国家巡展，有效地发挥其在传播中华文化、凝聚侨心侨力、促进人文交流以及提升社会公众保护意识方面的独特作用。同时，通过与澳门学术中心联合举办"闽澳世界记忆与海上丝绸之路"展览暨国际学术研讨会，与新加坡晚晴园——孙中山南洋纪念馆开展以侨批文献遗产为重点的档案文献遗产保护利用交流合作等活动，积极推动档案文献遗产与其他领域的协同发展，不断提升世界记忆项目推广水平。

第五章 海邦剩馥：侨批与"世界记忆"

2010年3月▶
侨批档案成功入选第三批《中国档案文献遗产名录》。

◀2012年5月
侨批档案入选《世界记忆亚太地区名录》。

2012年5月▶
福建省档案局（馆）与广东省档案局（馆）向联合国教科文组织世界记忆工程国际咨询委员会提交申报文本。

◀2012年12月
福建省档案局（馆）在福州召开"中国侨批·世界记忆"国际学术研讨会。

2013年4月▶
由国家档案局、福建省人民政府和广东省人民政府共同主办、福建省档案局（馆）和广东省档案局（馆）承办的"中国侨批·世界记忆工程"国际研讨会在北京人民大会堂举行。

◀2013年6月
福建省档案局（馆）举办侨批档案成功入选《世界记忆名录》新闻发布会。

2014年6月
福建侨批文化研究中心成立。

2016年6月
"百年跨国两地书——福建侨批陈列展览"正式在福建省档案馆向社会开放。

2016年12月
福建省档案局（馆）选送的侨批档案随国家档案局代表团赴印尼，并在其首都雅加达展出。

2017年6月
由国家档案局和印尼国家档案馆主办、福建省档案局（馆）协办的"中印尼社会文化关系档案展"在北京首都博物馆举行。

2017年10月
福建省档案馆被中国侨联确定为中国华侨国际文化交流基地。

"侨"路——侨批档案成长记①

① 数据更新至2018年11月。图片来源：福建档案信息网。

除此之外，福建省档案馆不断创新方式方法，广泛借助各大媒介开展侨批档案的宣传推广工作，如拍摄宣传片《福建侨批·世界记忆》，在《福建侨报》等主流媒体开设"侨批故事"专栏等。值得一提的是，2021年福建省档案馆联合国家档案局、福建省广播影视集团三方摄制了真实反映世界记忆遗产"侨批"的纪录片《百年跨国两地书》。该纪录片将内容聚焦于侨批和为保护侨批付出努力的群体，记录近代以来闽籍华侨华人求生存、谋发展、创伟业、建设国家的生动实践，再现一代又一代华侨华人艰苦奋斗、自强不息的拼搏精神和情系桑梓、爱国爱乡的深厚情怀，彰显出仁爱孝悌、诚实守信等中华优秀传统文化内核，对于增强公众对侨批文献保护意识、提升侨批知名度和影响力、推动中外文明互鉴具有十分重要的意义。

二、泉州侨批馆

2021年10月14日，由泉州市档案局、泉州市档案馆、泉州文旅集团联合设立的泉州侨批馆（泉州市档案馆侨批分馆）正式开馆。它是福建省首个地市级侨批专门展示馆，位于泉州文化中心鲤城区的中山中路345—1号。馆址所在建筑为泉州籍旅菲华侨陈光纯故居，占地面积280平方米，是泉州近代早期番仔楼的典型代表，到2021年，它恰好走过第一个一百年。

全馆由一个序厅、四个主展厅和一个互动室组成。开馆时，共布置展板105块，展出侨批及相关照片图片304张，侨批实物92份，其中有不少馆藏侨批实物为首次对外公开展出。侨批馆的主展厅设于一楼，第一个展厅介绍了侨批起源、发展以及保护开发情况，同时还设计有描绘侨批收寄流程的小动画，以形象生动的方式向来访者普及侨批档案的概念组成、发展历程、作用价值等；其余三个展厅，穿插一国一侨批、一县一侨批、一局一侨批等特色元素，以及侨批中的传统文化、传统名称、传统艺术等特色展线，通过一封封泛黄侨批、一个个感人故事、一件件创意展品、一次次跨越时空的互动，向参观者展示侨批档案作为世界记忆遗产的历史价值。二楼为互动室，在这里参观者可以翻阅侨批有关书籍，欣赏侨批电视专题片，体验侨批周边文创产品，并参加侨批研究主题沙龙研讨等各项活动，进一步感受侨批档案的文化魅力。与此同时，首届"世界记忆遗产·侨批"主题文学创作大赛也在此举行了颁奖仪式。大赛共收到来自中国福建、上海、广东、安徽、香港，以及菲律宾、马来西亚等国家和地区的523件诗歌、散文、小说来稿，所有获奖作品由《泉州文学》以专号刊发，并在泉州市档案馆设立专题档案库永久保存。这些作品不仅成为文献史料的解读见证，自身也将伴随着众多侨批档案一起成为历史记忆。

泉州侨批馆，通过将侨批档案展示地安居在泉州古城核心区拥有百年历史的华侨故居中，不仅推动了侨批档案的活化，使其更好地融入泉州这座世界文化遗产城市，更为侨乡古城打造了一张亮丽的文化新名片，推进泉州海丝名城、智造强市区、品质泉州建设，真正实现了侨批档案工作与古城保护、侨乡文化的融合并进。

泉州侨批馆展出的侨批（林楷煜摄）

三、晋江梧林侨批馆

素有"十户人家九户侨"之称的福建省晋江市是著名的闽南侨乡，有着丰富的侨批文化底蕴。从 2009 年开始，晋江市档案馆就借由《晋江经济报》等媒体向全社会广泛征集侨批档案，通过接受捐赠、购买、寄存等多种形式，抢救保护了一大批珍贵侨批，并将之作为特色馆藏。目前，晋江市档案馆已建立了完整、规范、可共享的侨批专题数据库，并采用"征集+展览""编纂+研究"等方式，持续推进侨批档案后续的开发利用和宣传推广，其收藏侨批实体数量占福建省官方收藏侨批实物近半，位居福建省各级档案馆前列，是福建侨批档案的主要官方收藏单位。

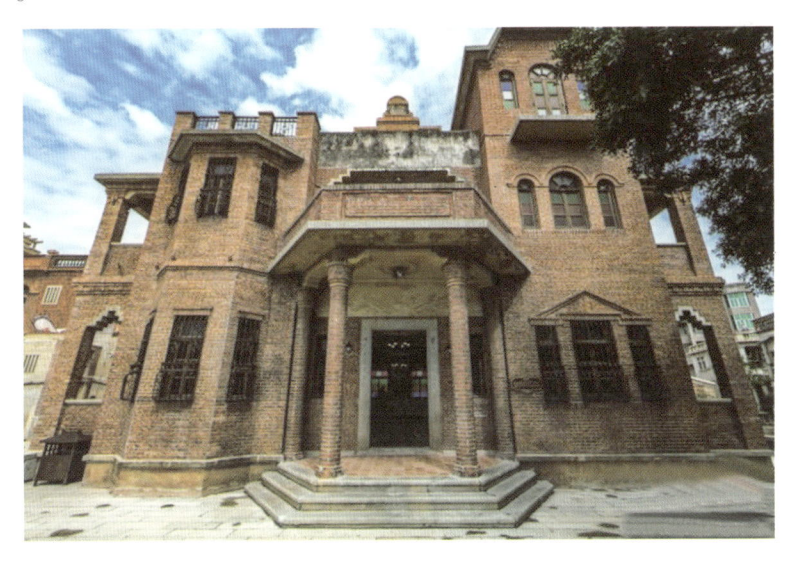

晋江梧林侨批馆（晋轩摄）

为更好地延续侨批这一文化根脉，2019 年，晋江市档案馆积极参与了梧林保护发展项目规划，开始在梧林传统村落的一栋侨批馆旧址上筹备布展侨批文化展示馆。这栋两层红砖楼原是一座哥特式建筑，为梧林的菲律宾华侨蔡顺意于 1938 年建造，本要用于经营侨批业务，但因建设时恰逢抗日战争，敬恭桑梓的蔡顺意毅然将款项倾囊捐献给国家支持抗战，从而未能完成该建筑的内部装修，此栋"外秀内糙"的建筑也成了一个美丽的"遗憾"。晋江档案馆坚持"原汁原味、原貌重现"的修缮原则，采用传统工艺保护方法，围绕"体验"核心，在着力还原历史原貌的基础上，将其打造成侨批经营模拟体验和侨批文化交流互动平台。2020年10月1日，晋江梧林侨批馆正式开门迎客，免费向公众开放。展馆采用"侨批+文化"模式，展陈侨批、老照片和闽南老物件等136件珍贵档案资料，通过沉浸式的文化体验，展示了晋江侨乡发展史。

2021年，晋江梧林侨批馆更是迎来了它的"高光时刻"。在当年的"国际博物馆日"这一天，晋江梧林侨批馆同四川省三星堆博物馆、陕西省秦始皇陵铜车马，在中新社的直播上"C位出道"。直播通过走进晋江梧林侨批馆，向全国观众展示了侨批这一民间草根记忆档案所蕴藏的万般能量，带领华夏儿女一同回溯了海外华人华侨的家国情怀和桑梓情意。同年，经联合国教科文组织世界记忆项目教育与研究分委员会同意，并经国家档案局批准，福建省档案馆和晋江市档案馆联合在晋江梧林侨批馆设立"世界记忆项目福建学术中心实践基地"，该实践基地作为我省侨批文化宣传推广示范点，将配合世界记忆项目福建学术中心，建设以侨批档案为主要特色的档案文献遗产保护研究和宣传展示平台，促进世界记忆项目在福建的推广，有效发挥实践基地的社会教育功能。

在这栋未完工的"侨批馆"中设立侨批文化展示馆，意义非凡。不仅因为通过设置展馆的方式可以为侨批档案提供一个良好的展示平台，而且馆址所在的建筑本身就和侨批业务有紧密关联，这更使得侨批展兼备可看性和体验性，在活化侨批的同时，也留住了乡愁，进一步推动乡村振兴。

四、民间侨批展示馆

不同于多被集中或官方收藏的其他世界记忆遗产，侨批档案因为它的草根性，所以很多仍散落在民间，留存于私人手中。近年来，随着侨批档案的价值被挖掘，来自民间的社会力量逐渐成为宣传弘扬侨批文化

第五章 海邦剩馥：侨批与"世界记忆"

的重要推手。很多侨乡侨村自筹自建侨批展示馆，为村民、游客提供了解侨批的窗口，为在外的游子创造寻根之旅，为美丽乡村建设注入新的血液，如福州马尾的白眉侨批博物馆、泉州永春的乡土记忆馆等。

白眉侨批博物馆是福州首个民营侨批博物馆，位于著名侨乡福州市马尾区亭江镇白眉村。博物馆于2021年4月20日正式对外开放，设有五个展厅，分别是侨批展示厅、侨批文化主题书法作品展示厅、侨批书籍阅览厅、华侨物件展示厅、闽南及潮汕侨批展示厅。通过面向社会征集各类侨批资源，馆内已征集到了1300余件包括侨批、车船票、宗亲会刊物等在内的史料，并展陈出部分珍贵的侨批，其中马尾华侨往来的侨批占很大部分。这些泛黄的侨批里，既有家长里短的倾诉，也有家国情怀的感叹；汇款单金额大小不一，有的寄给亲人用于日常生活，有的则是给家乡修公路、建学校……一张张侨批记录了当时普通马尾人的家庭情况以及在海外拼搏的点点滴滴，为我们再现了当年开放史上那些波澜壮阔、跌宕起伏的华侨奋斗史。依托白眉侨批博物馆这一阵地，白眉村还打造完善了侨批文创园，以多样化的宣传形式，让侨批文化中诚实守信、艰苦奋斗、爱国爱乡、开拓进取的精神代代相传。白眉侨批博物馆还被授牌为马尾区新时代文明实践示范点。

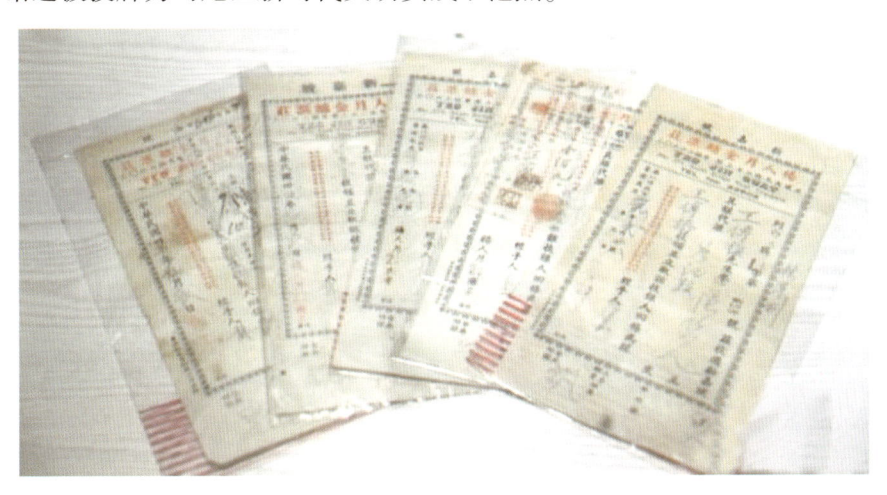

白眉侨批博物馆展出的珍贵侨批（吕明摄）

坐落于永春东关镇外碧村的乡土记忆馆（陈龙山摄）

　　泉州永春的乡土记忆馆坐落于永春县东关镇外碧村拥有90多年历史的福安堂，占地3000多平方米，共有78间房，是永春第一家由民间自发组织创办的乡村记忆文化展示场所。整个展馆以海上丝绸之路源头的乡土记忆为主轴，结合海上丝绸之路渡口、陶瓷古窑、通仙古桥等周边荟萃胜迹，依照修旧如旧的原则，投入100多万元人民币，历时3年多建成，展示有附近村庄各姓氏的族谱、家规、侨批、农耕文化物品等1万多件。其中，侨批是乡土记忆馆的特色，馆内目前收藏有侨批2000多封，不仅包含其族亲，还有外碧村海外乡贤的往来信件，记载了很多乡村发展的历史记忆，充分展现了旅居海外乡亲和当地族亲的奋斗史。永春是台湾著名诗人余光中的故乡，有着"乡愁故里"之称。建造乡土记忆馆，正是为汇集起海内外乡亲的"记忆碎片"，浓缩住这浓浓的乡愁记忆。目前，北京大学、复旦大学、中国人民大学等十余所著名高校已把该乡土记忆馆作为学生实践调研基地，旨在传承传统文化，传播乡土记忆，弘扬家风，留住乡愁，激励未来。2018年，外碧村"乡土记忆馆"被泉州市档案局授予"世界记忆遗产侨批档案展示点"。

上述提到的常设展示馆和研究中心，为广大民众提供了日常可以走近侨批档案的机会，除此之外，还有很多部门、机构在孜孜不倦地为保护、研究、宣传、活化侨批档案倾注心血。一方面，各级档案部门悉心挖掘整理各类侨批资料。泉州市档案馆积极开展侨批遗址踏访和侨批口述历史档案工作，进一步丰富了泉州侨批历史档案；晋江市档案馆从馆藏的近5000封侨批中，遴选出100多封，通过整理、点校与翻改为规范的简体字等工作，形成《晋江侨批集成与研究》，以更好地传承和延续侨批这一华侨历史文脉；莆田市档案馆于2016年从市民程秀峰家中征集到80份珍贵的侨批档案，填补了莆田市馆藏侨批档案的空白，为了解莆田华侨海外奋斗史和侨批信局业务提供了良好佐证。另一方面，各类文博机构精心策划组织各种推介活动。福建博物院历时三年筹办了"华侨旗帜　民族光辉——百国百侨百物展"，该展特别展出侨批13件套，勾勒出了福建华侨群体的生命历程，为展览留下浓墨重彩的一笔；厦门华侨博物院收藏有许多珍贵侨批，其年代涵盖了从清朝末年至中华人民共和国成立后的各个时期，央视节目《国家档案》曾就华侨博物院的这些馆藏为我们专门讲述了一集闽南侨批的故事；福建省图书馆也多次举办侨批相关讲座暨实物珍品展示，以此唤起人们对那段侨批时代的回忆，增强与海外侨胞的亲情关系。作为《世界记忆名录》中"侨批档案——海外华侨银信"缺一不可的有机组成部分，福建侨批由日常家庭走向世界舞台，成为全人类瞩目的焦点。它从民间而来，也终将走向大众，并且生生不息地焕发出新活力。

五、《福建省侨批档案保护与利用办法》的出台[①]

2021年12月，《福建省侨批档案保护与利用办法》（以下简称《办法》）正式施行。从2018年1月《福建省侨批档案保护管理办法》被列为省政府立法调研项目到2021年12月《办法》正式施行，福建侨批

[①] 福建省人民政府门户网站。

档案保护利用的法律护航之路酝酿了整整4年的时间。《办法》的出台，不仅有利于今后长久挖掘、研究、利用和转化侨批的世界遗产价值，进一步擦亮做大侨批文化品牌，对于推进我国世界记忆遗产保护立法制度的建设也大有裨益。现将福建省人民政府网站对《办法》进行的政策解读全文附后，以供参阅。

(一) 制定《办法》的背景和意义

2013年6月，侨批档案成功入选《世界记忆名录》，成为福建省首个入选世界记忆遗产的项目。侨批，又称银信，是指华侨华人通过民间渠道以及邮政、金融机构寄给国内眷属书信和汇款凭证的合称。本办法所称侨批档案，是指侨批、侨批经营管理以及相关活动中形成的文书、信件、票据、证书、账册、照片、印章等不同形式和载体的具有保存价值的历史纪录。侨批档案作为华侨华人与侨乡的集体记忆，记录了广大华侨华人求生存、谋发展、建设国家的生动实践和侨乡及侨居地政治、经济、文化、社会生活、风土人情，呈现了华侨华人吃苦耐劳、自强不息、团结互助的拼搏精神，彰显了华侨华人情系桑梓、爱国爱乡、乐于奉献的深厚情怀，反映了中华优秀传统文化核心思想理念，见证了中外经贸往来和人文交流的发展历程，是研究近代华侨史、经济史、社会史、金融史、邮政史、海外交通史等珍贵的档案文献，是福建华侨文化的重要组成部分和福建文化遗产的重要载体。为保障侨批档案得到妥善的保护管理和科学的利用开发，在职责设置、管理制度建设、安全保护机制、共享利用体系建设、研究开发等方面都需要依法进行规范。此外，联合国教科文组织《世界记忆项目总方针》的有关条款也对世界记忆遗产保管和保护机制提出要求，通过采取最适当手段对其进行保护，促进平等利用以提高全世界对其重要性的认识。

与集中保存在公藏单位的其他世界记忆遗产不同的是，福建省已列入《世界记忆名录》的1万多件侨批档案分散保管在福州、泉州、晋江等地档案部门及省内有关文博部门，民间亦还散存着大量的侨批档案。作为福建省现有唯一的世界记忆遗产，侨批档案的保管主体、保管区域、保管和利用方式呈现出多元化特点，导致保护管理和利用开发在实际工作中存在保护难、监管难、协调难等问题。因此，立法保护显得尤为重要。此前与福建省侨批档案共同申报世界记忆遗产的广东省，已于2017年颁布了《广东省侨批档案保护管理办法》。

在福州成功举办第44届世界遗产大会的背景下，为规范侨批档案管理工作，厘清侨批档案保管单位、社会组织和个人的权利和义务，保障侨批档案的有效保护、共享利用和适度开发，广泛提升社会公众对侨批档案等文献遗产的保护意识，制定出台本办法具有十分重要的意义。

（二）《办法》的主要内容

《办法》共27条，明确了适用范围、政府及部门职责和经费保障，规定了侨批档案的管理保护利用服务的条款，设定了造成侨批档案损毁、侨批档案未及时备案登记和不规范使用侨批档案世界记忆标识的法律责任，主要内容如下：

1. 明确政府和部门职责分工

做好侨批档案的保护管理工作需要政府、部门齐抓共管、分工协作，《办法》从以下几个方面对各自职责作出规定：一是明确了侨批档案的保护与利用应当遵循统一领导、分级管理、保护优先、合理利用的原则，确保侨批档案的真实性、完整性和安全性（第三条）；二是明确了省档案主管部门负责组织编制全省侨批档案保护与利用规划并组织实施，省人民政府有关部门依据职责做好规划实施的相关工作。侨批档案所在地的市、县人民政府应当根据前款规划制定本行政区域内的侨批档案保护与利用细则并组织实施（第四条）；三是明确了县级以上档案主管部门负责本行政区域内侨批档案保护管理的指导监督工作（第五条）。

2. 落实侨批档案保护开发的经费

目前，侨批档案的保护开发依赖于相关制度、设施设备等各种基础条件，申遗成功后侨批档案虽然获得各级政府以及社会各界人士的进一步关注和重视，但仍然存在不少问题。其中，经费不足的问题比较突出。对此，《办法》做出相应规定。一是对经费保障主体作出规定。《办法》明确了县级以上人民政府应当结合当地实际情况，将侨批档案的征集抢救、保护管理和开发利用等必要工作经费，列入本级政府预算予以统筹保障（第七条）。二是奖励社会组织和个人向国家捐赠侨批档案。明确了国家档案馆可以通过接受捐赠、购买、代存、复制等方式收集侨批档案。鼓励社会组织和个人向国家档案馆捐赠、寄存所持有的侨批档案。向国家捐赠、寄存所持有侨批档案的，可以同国家档案馆签订相关协议，依法明确双方权利和义务。向国家捐赠侨批档案的，接受捐赠的国家档案馆应当颁发证书；捐赠重要侨批档案的，接受捐赠的国家档案馆应当按照有关规定给予奖励（第十条）。

3. 做好侨批档案的备案登记

为更好掌握全省范围内侨批档案的相关情况，《办法》规定建立侨批档案备案登记制度。县级以上档案主管部门应当定期对本行政区域内侨批档案的相关情况进行调查和登记。侨批档案保管单位或者所有权人保管的已列入《世界记忆名录》的侨批档案相关情况发生变更的，应当在变更后的60日内向省档案主管部门备案登记。侨批档案保管单位保管的未列入《世界记忆名录》的侨批档案相关情况发生变更的，应当在变更后的60日内向所在地同级档案主管部门备案登记。鼓励其他社会组织和个人主动配合所在地县级档案主管部门做好侨批档案相关情况的调查和登记工作（第九条）。

4. 强化侨批档案的保管保护

文献遗产不可复刻、不可替代，一旦遭到破坏，遗产价值将弱化或灭失。《世界记忆项目总方针》中亦提出，世界文献遗产完整性遭受损害将从名录中除名，可见对世界文献遗产的保护。针对侨批档案保管主体多元化、管理难的情况，《办法》明确侨批档案保管单位、社会组织和个人对侨批档案均具有保管责任（第十一条、第十二条、第十三条）。同时，《办法》规定了县级以上档案主管部门对本行政区域内的侨批档案保管情况履行监督职能（第十四条）。此外，《办法》规定国家档案馆可以通过接受捐赠、购买、代存、复制等方式收集侨批档案，对保管条件不符合要求或者存在其他原因可能导致其严重损毁和不安全的省级档案主管部门可以给予帮助，或者经协商采取指定国家档案馆代为保管等确保档案完整和安全的措施；必要时，可以依法收购或者征购。（第十条、第十三条）。

5. 推进侨批档案利用和共享

侨批档案的利用和开发是侨批档案信息价值得以实现的途径，也是挖掘侨批档案的文献价值、增强社会公众对文献遗产保护意识的要求。《办法》在以不破坏侨批档案的真实性、安全性、完整性为前提基础上，对侨批档案的利用、共享和开发作出明确规定。一是明确了鼓励开展侨批档案数字化工作，福建省档案主管部门组织建立区域性的侨批档案数据库，构建侨批档案信息共享平台，实现侨批档案互联互通，推动资源共享利用。具体工作由省级国家综合档案馆负责实施。侨批档案保管单位应当主动配合侨批档案数据库建设及共享利用等相关工作。鼓励社会组织和个人参与侨批档案数据库建设及共享利用等相关工作（第十六条）。二是加强侨批档案的宣传展示，县级以上档案主管部门可以结合实际情况，采取有效措施，组织侨批档案的研究开发、宣传推广和交流合作等工作。侨批档案保管单位可以根据各自业务范围，开展侨批档案的学术研究、开发推广、共享利用、宣传教育、展览展示、交流合作等工作。鼓励社会组织和个人与侨批档案保管单位合作，对其所持有的侨批档案进行研究利用，相关单位应当维护其合法权益（第十七条）。

6. 设定有关法律责任

侨批档案作为珍贵的世界记忆遗产，具有鲜明的时代特征、世界意义和重要的文化价值，为依法保障侨批档案管理保护和开发利用，《办法》对以下几类行为设定法律责任：一是不规范使用世界记忆标识的(第十九条、第二十一条)；二是列入《世界记忆目录》和国有的侨批档案有关情况发生变更后未及时备案登记的（第九条、第二十条）；三是国家机关工作人员滥用职权、玩忽职守、徇私舞弊造成国有侨批档案损毁、丢失、灭失的（第二十二条）。

后　　记

2020年10月13日下午，在广东省汕头市考察的习近平总书记走进侨批文物馆，了解潮汕侨胞心系家国故土、支持祖国和家乡建设的历史，并盛赞海外华侨的贡献。习近平总书记说："华侨一个最重要的特点就是爱国、爱乡、爱自己的家人。这就是中国人、中国文化、中国人的精神、中国心。中国的改革开放，中国的发展建设跟我们有这么一大批心系桑梓、心系祖国的华侨是分不开的。"

"有海水的地方就有中国人"。据统计，世界各地华人华侨有6000多万人，其中广东、福建两省的海外华人华侨最多，福建省约有1600万人，分布在188个国家和地区。由于福建山多地少，迫于生存压力，沿海的福建人很早以前就开始远涉重洋，在海外定居，尤其是19世纪以来开始出现大规模向东南亚地区迁移的现象，即俗称的"下南洋"。"他们在异乡历尽艰辛、艰苦创业，顽强地生存下来，站稳脚跟后，依然牵挂着自己的家乡和亲人，有一块钱寄一块钱，有十块钱寄十块钱。"早期尚无邮政、银行，华侨欲与家人通信、寄款养家，要等到同在侨居地的亲朋好友准备启程回国时，才托其带交侨眷。这种迫切需求背后蕴藏着巨大的商机，于是开始出现往返国内外的水客。一些富裕的水客和侨商，头脑精明，开始出面经营批馆业务，以后又派人在国内组织联号。经过长期演变，兼具金融和邮政双重职能的侨批应运而生。应该说，侨批是华侨用心血、汗水和智慧浇灌的信汇邮路，亲情是侨批文化产生的重要源示，蕴含着丰富而独特的文化内涵，是社会发展变化的缩影，同时也是弥足珍贵的历史见证。

"一封侨批就是一个故事"。百年跨国两地书，纸短情长。一封封侨批，有家长里短，有悲欢冷暖，有社会百态，更有家国情怀，生动讲述着海外华侨的拳拳赤子心、悠悠桑梓意、浓浓骨肉情。透过那些泛黄的福建侨批，我们可以感知海外华侨情系故土、赡养父母妻儿、接济国内亲属同胞、壮大宗族的生活细节，可以了解华侨支持辛亥革命、支援祖国抗战、捐资家乡公益的庄严历史，还可以掌握中国近代海外移民在移民路线、金融汇兑、邮传驿递、商贸往来、拓荒垦殖、文化交流等方面的重要信息。可以说，侨批是关于我国近现代东南沿海地区和海外华人社会、经济发展的真实记忆，是研究近代华侨史、社会史、文化史、邮政史、中外交通史、金融汇兑史、对外经贸史、国际关系史等的珍贵档案文献。正因为侨批档案具有不凡的史料价值和学术价值，国际汉学大师饶宗颐先生称侨批为"侨学前导""海邦剩馥""媲美徽学""侨史辉煌"。2013年，"侨批档案——海外华侨银信"成功入选《世界记忆名录》，联合国教科文组织盛赞侨批档案"印证了近代中国国际移民和东西方跨文化联系与相互碰撞的历史"。

本书为2021年度福建省社会科学普及出版资助项目（项目批准号FJ2021JHKP014）的成果，力求用通俗的写法，介绍侨批产生的背景与条件，描述侨批业从兴盛到衰落的发展过程，重点阐述侨批所蕴含的浓浓的家国情怀和桑梓情意，以及深厚的历史文化价值。全书由李慧芬负责统筹组织，王金团负责统稿与编辑，具体章节编著分工如下：第一、二章由李慧芬、李佳丽撰写，第三章由洪秋月、林长元撰写，第四、五章由李佳丽撰写。

在本书编著过程中，参考与引用了不少有关侨批的著作与文献，在此不一一列举，统一表示诚挚的谢意！同时，特别感谢福建省社会科学界联合会的立项与资助，感谢海峡文艺出版社的大力支持！由于编者水平有限，错误与不足在所难免，恳请读者批评指正。